L'ABBÉ DIDELOT

UN APÔTRE

DE LA

CHARITÉ

AU

DIX-NEUVIÈME SIÈCLE.

OUVRAGE ILLUSTRÉ

11me SÉRIE.

L'ABBÉ DIDELOT.

UN APÔTRE

DE LA

CHARITÉ

AU

DIX-NEUVIÈME SIÈCLE.

OUVRAGE ILLUSTRÉ.

Société de Saint-Augustin,

DESCLÉE, DE BROUWER ET Cie,

LILLE-PARIS. — 1897

L'ABBÉ DIDELOT.

L^E 21 avril 1894, une foule immense suivait le cercueil de l'humble prêtre de Nancy qui fut « l'Abbé Didelot. »

Ceux qu'il avait enveloppés de son incomparable charité se comptaient par milliers : enfants, jeunes gens, ouvriers, soldats, pauvres, toutes les conditions, tous les rangs, d'ailleurs, s'unissaient en un dernier hommage, émouvant de silence et de respect.

Çà et là, un mot jaillissait de la foule :

— Le bon Dieu nous enlève le père des pauvres...

— Saint homme, il ne se gardait rien !

— Comme il consolait le pauvre monde ! Jamais il ne refusait sa porte.

— Quand il allait aux casernes, c'était bien le père du troupier...

— Je le dis tout haut, c'est grâce à lui que je me suis réhabilité.

— Il n'y a pas à dire, il ramenait les plus durs.

— Je lui disais toujours : Monsieur l'abbé, quand je serai pour mourir, c'est vous que j'appellerai.

— *Si ce n'est pas un saint, qui est-ce qui le sera ?*

— *On ne retrouvera plus le pareil !*

Voix du peuple saisie au vol, esquisse vraie d'une vie d'apôtre qui rappela parmi nous plus d'un trait de Vincent de Paul et de Pierre Fourier.

Mais cet hommage spontané n'avait point tout dit : recueillir les souvenirs, les témoignages, les faits propres à conserver et à perpétuer une mémoire bénie, fut le vœu exprimé par tous sur la tombe du vénéré prêtre.

Ce vœu, et plus encore la conviction d'un pieux devoir à remplir envers cette sainte et douce mémoire, ont inspiré la notice qu'il nous est donné de publier aujourd'hui.

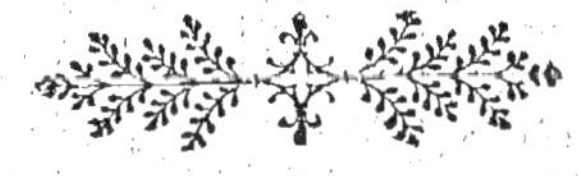

CHAPITRE PREMIER.

Premières années. — Jeunesse. — Vocation.

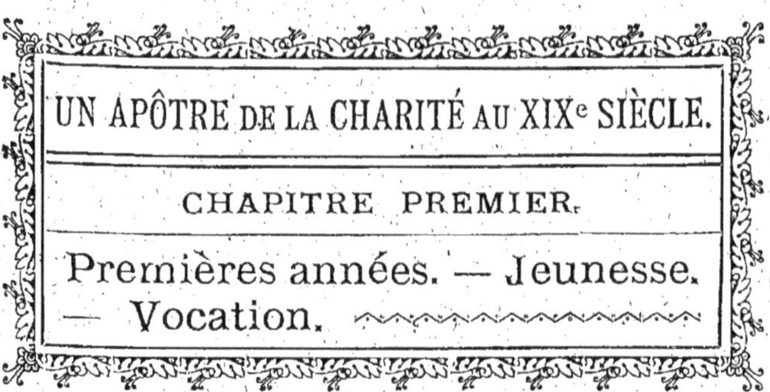

OSEPH DIDELOT est né à Laxou, le 9 août 1819. Ses parents exploitaient le moulin Sainte-Anne, entre Laxou et Nancy. Là s'écoula son enfance.

Sa mère eut dix enfants ; trois seulement survécurent. Simple et forte chrétienne, elle les éleva dans l'amour de DIEU. Chaque jour elle les réunissait dans une prière commune et leur donnait de pieuses instructions :

« Ma mère, a dit l'abbé Didelot, avait eu le bonheur d'être solidement instruite de la religion. Durant la tourmente révolutionnaire, un saint prêtre, réfugié à Nancy, non loin de la demeure de ses parents, fut frappé de sa vive intelligence et lui enseigna les grandes vérités chrétiennes. »

Ainsi, dans le dessein de DIEU, se préparait l'âme de la mère qui devait former celle du fils.

La pieuse femme inspira de bonne heure à ses enfants la pitié pour les pauvres. Aucun de ceux qui frappaient à sa porte n'était repoussé.

On n'était pourtant point riche au moulin Sainte-Anne : même, par un revers subit, on y connut les heures d'angoisse. Un jour il n'y eut plus de pain à la maison. La mère, ce jour-là, prit sans mot dire le chemin de Nancy. Le soir elle rentre souriante : elle a coupé son abondante chevelure, cela se vend... Au moins ses enfants ne souffriront pas la faim. Une autre fois un pain bénit, pieusement gardé dans un meuble, fut tout le repas du soir.

Jamais cette courageuse chrétienne ne faiblit un instant ; aucun murmure ne sortait de ses lèvres. Elle redoublait d'activité et confiait tout à la Providence. Sa foi, son labeur énergique surmontèrent enfin l'épreuve et ramenèrent au foyer une aisance relative.

Avec ces exemples, que d'enseignements demeurés ineffaçables en ceux qui les reçurent :

« Le jour de mon mariage, a raconté la digne sœur de l'abbé Didelot, quand mon mari et moi nous fûmes agenouillés pour demander la bénédiction de ma mère, elle nous parla avec tant de foi, nous dit des choses si élevées, si touchantes, que tous deux nous fondions en larmes. »

Dix années plus tard, à son lit de mort, cette mère, entourée de ses enfants et de ses petits-enfants, leur donnait, à chacun, de suprêmes avis d'une sagesse profonde et presque prophétique.

Son fils Joseph n'en perdit jamais le souvenir :

« On ne sait pas tout ce que peut une bonne mère, » dira-t-il souvent dans la suite.

Sous la pieuse direction maternelle, Joseph avait connu de bonne heure le chemin de l'église. Sa première ambition fut de servir la messe à l'hospice d'aliénés de Maréville, tout proche du moulin. Durant plusieurs années il ne manqua pas d'y aller chaque matin. La pluie, la neige, le mauvais chemin, il affrontait tout.

Un matin d'hiver, perdu dans le brouillard, l'enfant glisse dans un étang profond. On le retire grelottant mais sain et sauf :

« C'est la Sainte Vierge qui m'a sauvé, » aimait-il à répéter. Dès lors il eut un amour tout filial envers Celle qu'il ne cessera, plus tard, d'invoquer dans son laborieux ministère.

« Cette messe de Maréville a toujours été son souvenir de prédilection, » témoigne l'un de ses anciens et de ses plus chers condisciples. Nul doute que la participation quotidienne au Saint-Sacrifice n'ait contribué à développer dans l'âme du petit servant de messe le germe de la vocation sacerdotale.

A cette première enfance se rattache un autre souvenir que Joseph Didelot rappela maintes fois lui-même : Lorsque plus tard on s'étonnait de le voir, lui, prêtre, saluer les petits enfants comme s'ils eussent été de grandes personnes, et s'arrêter pour leur parler amicalement : — « J'ai été comme cela, répondait-il. Un jour, sur

la vieille route de Toul, j'étais là, petit berger,
avec mon troupeau. Un prêtre passa, me salua
et me dit avec bonté : « Bonjour, mon ami. »
Cela me fit une si forte impression que je m'en
souviens encore. Pensez donc ! un petit enfant
qui s'entend traiter d'ami par un prêtre qui
est pour lui un personnage ! » Et il ajoutait :
« On ne saurait trop faire aimer à l'enfant les
ministres de Dieu. Ce n'est pas en vain que
Notre-Seigneur a dit : « Laissez venir à moi
ces petits. »

Les études de l'enfant, commencées avec
le curé de Laxou, se poursuivirent à Nancy.
Puis, à dix-sept ans, Joseph Didelot se joignit à son frère aîné, déjà engagé dans le
commerce.

« Il était bien plus porté à donner aux pauvres qu'à leur vendre les objets de première
nécessité, disent les témoins de ce temps-là. On
ne comptait pas beaucoup sur lui pour faire
prospérer les affaires de la maison. »

A l'âge où tant d'autres gaspillent leur vie
dans le plaisir égoïste, lui ne goûtait que les joies
de la charité. On le voyait, prenant le chemin
des mansardes, portant l'aumône matérielle, et
mieux encore l'aumône du cœur, le sourire, la
bonne parole qui réconfortent.

Doucement, discrètement, il faisait pénétrer
le bon Dieu dans ces pauvres foyers. Une de

ses pieuses industries était d'acheter à bon compte sur le marché tous les vieux crucifix qu'il pouvait y trouver. Il les réparait lui-même, leur rendait la couleur, le vernis, puis, tout heureux, s'en allait les donner à ses familles. Comment refuser au bon M. Didelot de suspendre l'image du Christ au chevet du lit ou des berceaux ? — « Et de vrai, ça nous a porté bonheur, » assure un brave ouvrier que l'abbé Didelot ramenait plus tard à la religion.

Evangéliser les pauvres, rendre au peuple la connaissance et l'amour de Jésus-Christ, c'était, chez le jeune Didelot, non le rêve d'un enthousiasme irréfléchi, mais une volonté ferme, persistante, qui, du cœur, allait aux actes.

Dès qu'il le put, il devint membre zélé de la société de Saint-Vincent-de-Paul. L'héroïque Patron de la charité était déjà son modèle et son saint préféré.

Chaque dimanche, il se rendait à la bibliothèque de la Conférence pour y distribuer des livres : « Il fallait le voir, montant dix fois de suite sur une échelle! a dit une humble ouvrière. Quand les autres vous refusaient, lui ne se lassait pas ; il cherchait, cherchait, et finissait par trouver le livre demandé... Les saints, voyez-vous, font bien tout ce qu'ils font. »

Il trouvait dans la communion fréquente le

soutien et la joie de sa piété. Il lisait avec enthousiasme les vies de saint François d'Assise et de saint Dominique, celles de saint Ignace, de saint François Xavier, de sainte Thérèse, des fondateurs d'Ordres religieux : « Tous, disait-il, sont animés de l'esprit de JÉSUS-CHRIST ; comme lui, doux et humbles de cœur, prêchant d'exemples plus encore que de paroles. » Et il souhaitait à leurs Ordres de conserver l'esprit de ces saints fondateurs. C'est à cette école qu'il formait son grand cœur, sa belle âme toute pétrie d'ardente charité.

*****

Déjà se dévoilait le secret de sa vocation. Ceux qui, dès cette époque, voyaient le pieux jeune homme passer de longues heures au pied du tabernacle, n'en doutèrent bientôt plus :

— Qu'est-ce que vous pouvez bien dire au bon DIEU si longtemps à l'église ? lui demanda un jour son frère aîné.

Je lui dis que je serai prêtre, répondit-il simplement.

Toutefois, un motif de prudence et de délicatesse ajournait ses projets : il voulait se créer les ressources nécessaires pour suffire à son entretien de séminariste et de prêtre, et n'être à la charge de personne.

Pour accorder ce programme avec la soif de saint détachement qui le tourmentait déjà, le futur lévite, dès qu'il eut en mains le petit capital, fruit de ses laborieuses économies, en fit l'abandon à sa famille, n'en voulant recevoir qu'une rente annuelle.

Et c'est ainsi que, libre et joyeux, pauvre de fait et de volonté, Joseph Didelot entra au Séminaire de Nancy, en octobre 1845. Il avait vingt-six ans.

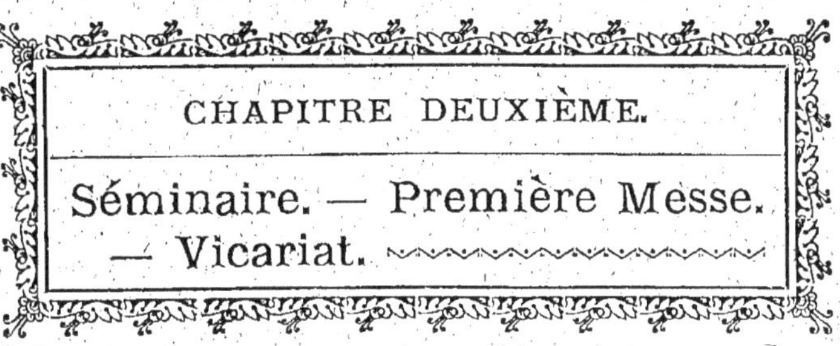

ADMIS à suivre, au Séminaire, les cours successifs de philosophie et de théologie, M. Didelot, peu versé dans la langue latine, avait à compenser par un travail opiniâtre son infériorité sur ce point.

Du moins fut-il, dès le premier jour, un modèle de piété, de bonté, d'aménité pour tous ses condisciples. « Ses plus familiers, dit l'un d'eux, l'appelaient le *Père Hilarion*, à cause du sourire non dépourvu de finesse qu'il avait sur les lèvres en les abordant et en conversant avec eux. »

En récréation, il était d'une gaîté charmante. A la chapelle, sa physionomie prenait quelque chose de céleste, surtout lorsqu'il revenait de la Sainte Table. Il étudiait avec ardeur, de préférence l'Écriture sainte ; il avait sans doute gagné cette haute estime de la science sacrée, ce respect et ce goût des études, au contact de deux éminents professeurs d'alors : l'abbé Rohrbacher, auteur de l'*Histoire de l'Église*, et l'abbé Bermann, auteur d'une *Théologie morale*. Ce dernier avait introduit au Séminaire, et, par là, dans le diocèse encore infecté des maximes jansénistes, les idées plus douces de saint Alphonse. Cette morale, ferme pourtant, mais sans rigidité, allait naturellement à l'âme de M. Didelot. Il garda tou-

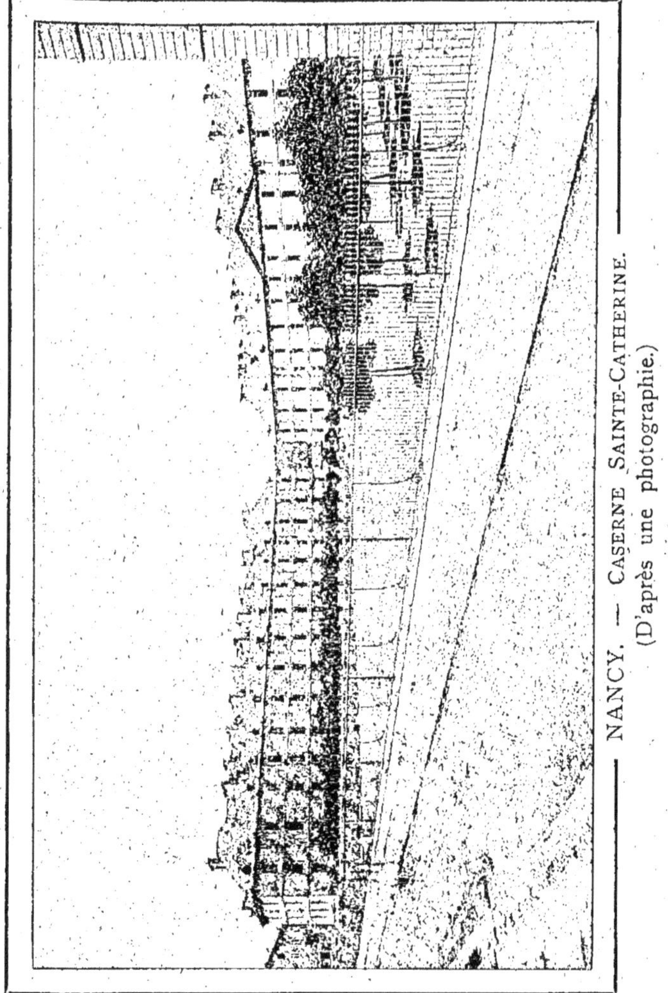

NANCY. — CASERNE SAINTE-CATHERINE.
(D'après une photographie.)

jours une grande reconnaissance à son vieux

maître, dont il aimait à rapporter les vives et originales saillies.

L'élève avait, lui aussi, la droiture, le bon sens, une rare justesse de vues.

Ses sermons d'essai furent ceux d'un missionnaire. Nulle recherche de paroles ; une manière à lui, simple, naïve, pleine d'imprévu. Il ne prêchait pas dans le vide, mais pour édifier ; et tel des auditeurs qui avait souri d'abord, finissait par être gagné à l'accent de cette parole convaincue, toute débordante de charité.

Le Supérieur du Séminaire eut bientôt deviné le futur apôtre.

— Mon ami, lui dit-il un jour, voudriez-vous faire un peu de la mission de saint François Xavier ?

— Comment cela ? dit l'abbé, qui se croyait déjà aux Indes.

— Il s'agirait d'envoyer, chaque semaine, à toutes les paroisses du diocèse, les « Annales de la Propagation de la Foi. » Empaqueter ces brochures, les étiqueter soigneusement, c'est une tâche de zèle et d'abnégation ; acceptez-vous ?

— J'accepte, Monsieur le Supérieur, et je vous remercie.

Et M. Didelot se mit avec joie à cet humble diminutif d'apostolat.

Mais l'œuvre des Annales ne pouvait suffire

à son zèle ; il obtint la permission d'aller à la
caserne Sainte - Catherine pour s'y entretenir
avec les soldats et leur donner quelques leçons
primaires.

Ses chers soldats, DIEU sait ce qu'il leur portait de fournitures de toutes sortes et de petites
douceurs, sans oublier le cigare d'attraction ! Il
savait prendre chacun suivant son caractère ; il
se donnait à tous avec une amabilité fraternelle.

Plus tard, devenu libre, l'abbé Didelot fera
de l'apostolat du soldat son ministère spécial.
Auparavant, il lui reste à franchir le pas redou-
table et à la fois désiré qui doit l'unir à JÉSUS-
CHRIST pour toujours dans la grâce insigne du
sacerdoce.

*
* *

Son ordination eut lieu en 1850. L'impression
de sa première Messe nous est conservée dans
cette page du journal de Madame de Gondre-
court (1) :

« 30 mai 1850. — Aujourd'hui, la belle fête
du Saint-Sacrement a été célébrée, par nous,
d'une façon touchante. Le jeune abbé Didelot,
ordonné prêtre samedi dernier, a dit sa première
Messe dans notre chapelle, aujourd'hui seulement parce qu'il a voulu s'y préparer par une
retraite de plusieurs jours.

---

1. Fondatrice, à Nancy, de la Congrégation du Saint-Cœur
de Marie.

» Tout dans son être respirait un recueillement si profond qu'il ne pouvait que se communiquer. Mais lorsqu'après la Sainte Messe, il lui fallut imposer les mains à notre Père (1), il n'y tint plus et se mit à sangloter. Notre Père fut obligé de lui faire signe de les lui imposer, et j'ai supposé que ce qui faisait alors déborder l'émotion dont son cœur était plein, c'était la pensée de faire un acte, pour ainsi dire, d'autorité envers le prêtre vénéré qui l'avait guidé dans sa vocation.

» Lorsqu'il fallut déjeuner, on fut obligé de l'aller chercher à la chapelle où il était tout absorbé dans son bonheur. Il vint, mais il ne put rien prendre ; il n'était, pour ainsi dire, plus de ce monde. Ah ! que de pareilles transformations rendent la foi facile ! Mon Dieu ! comment ne pas désirer le Ciel en voyant comme une goutte de ses délices, tombée dans notre cœur, le transporte loin de la terre ! »

*
* *

Au lendemain de ce grand jour, M. Didelot fut envoyé comme vicaire à Custines, aux environs de Nancy. Il y remplit, durant quelques mois, un ministère tout caché en Dieu.

Les anciennes familles de Custines ont gardé le souvenir de ce jeune prêtre « très digne, très réservé quoique si plein de bonté. » Déjà,

---

1. M. l'abbé Masson, Supérieur de la Congrégation.

mieux que nul autre, il appliquait en toute rigueur le mot de saint Paul qu'il répétera si souvent :

« Conduisons-nous en tout comme des ministres de Dieu. »

Il faut le dire néanmoins : si M. Didelot mît à ses nouvelles fonctions tout le zèle que pouvait lui inspirer l'amour du devoir, ni ses aptitudes naturelles, ni le grain d'indépendance qu'il eut toujours en dépit de sa vertu, ne le plaçaient là dans son vrai cadre.

Revenu à Nancy la même année, M. Didelot allait trouver, dans le ministère libre des œuvres, son véritable champ d'action.

Le Bon-Pasteur, les Petites-Sœurs des Pauvres, l'Hôpital militaire l'auront tour à tour comme aumônier auxiliaire ; où on l'appelle, il se donne sans compter. Mais l'Œuvre des Militaires devient, entre toutes, son sillon préféré.

Commencée en 1845 sous le colonel Alexandre, du 39e de ligne, l'Œuvre, on l'a vu, avait dû ses premiers essais d'organisation à M. Didelot, encore séminariste.

Lors de son ordination et du vicariat de Custines, l'abbé confia sa chère œuvre à un auxiliaire bien dévoué, M. le chanoine Charlot, qui, durant deux années, la soutint généreusement de ses ressources.

Au retour de M. Didelot, le nombre des soldats membres de l'Œuvre s'accroissant toujours, les réunions, qui avaient lieu jusqu'alors dans un petit local rue Montesquieu, sont transférées dans une grande salle de la maîtrise attenante à la cathédrale. Les Frères des Écoles chrétiennes y donnent gratuitement aux soldats des leçons de français et d'arithmétique, tandis que l'abbé Didelot, secondé par deux confrères pleins de zèle, se charge de la partie morale et récréative.

« Jamais je n'oublierai ce temps-là, dit un ancien soldat. Il n'y a pas à dire, on était un autre homme quand l'abbé vous avait réconforté d'une bonne parole. Comme il savait rappeler le foyer de là-bas, la mère, le vieux père, l'église du village !. Ça vous prenait au cœur ! Et puis les attentions, les gâteries : un jour du tabac à fumer, de bonnes tablettes aux enrhumés ; une autre fois un rafraîchissement, sans compter le papier à lettres, tant qu'on en voulait pour écrire au pays.

» L'abbé emportait les lettres ; quand on parlait d'affranchir : « C'est bon, c'est bon, je m'en charge. » Et il ajoutait avec son bon sourire : « Tu me le rendras quand tu seras capitaine. »

Son temps, son argent, sa personne, tout y passait. Dans les rues de Nancy, il était presque toujours escorté de deux soldats ; on ne pouvait aller chez lui sans en trouver quelque autre, lisant en attendant son retour, et souvent plusieurs ensemble, perchés, faute de chaises, sur l'unique meuble de la chambre, une vieille commode centenaire.

— Ils vont tout démolir ! gémissait la servante.

— Tout est bien, tout va bien, continuez, mes enfants, disait l'abbé.

Les visiteurs ne se faisaient point prier ; même ils installaient le lendemain deux ou trois nouveaux camarades sur le poêle ou sur la fenêtre sans plus de façon.

Si l'abbé ouvrait au large son cœur et sa maison à ses enfants de l'armée, en retour il obtenait tout de leur bonne volonté.

Un souvenir resté populaire est le reposoir annuel que M. Didelot, avec l'approbation de l'autorité militaire et l'aide de ses braves soldats dressait, le jour de la Fête-Dieu, dans la grande cour de la caserne Sainte-Catherine.

On se rappelle à Nancy les splendides processions d'alors : les rues jonchées de fleurs, les maisons parées de fraîches guirlandes, de riches tentures et d'oriflammes ; du palais à la mansarde, le radieux sourire d'un jour de fête ; au dehors, une multitude joyeuse et recueillie..., et au milieu de tous, le Dieu de l'Eucharistie, aimant et bénissant comme autrefois sur les chemins de la Judée.

Nul mieux que l'abbé Didelot ne ressentait la joie de ces solennités. Aussi n'épargnait-il rien pour rendre le reposoir de la caserne à la fois digne de son Dieu et de l'armée.

De grand matin les soldats sont à l'œuvre : au centre de la vaste cour et sur de hauts gradins en pyramide s'échelonnent les panoplies, étincellent les faisceaux d'armes, les soleils d'épées. Les casques, les bonnets à poils s'étonnent d'être mêlés aux gerbes de fleurs. Des tambours échafaudés supportent l'autel ; tout autour flottent les drapeaux, et sur le vert sombre des sapins se détachent, en lettres d'or, ces mots : « Au Dieu des armées ! »

La foule, massée le long des grilles de la caserne, regarde et attend. Les soldats, joyeux, alertes, hissés sur les gradins, allument les flambeaux, donnent le dernier coup de main. L'abbé est à tous et partout : « Merci, merci, le bon Dieu vous le rendra... »

Mais voici le solennel et religieux défilé... Le Saint-Sacrement a pris possession de son trône martial. Tout à coup le : « Présentez armes ! » court dans les rangs immobiles : l'évêque, du haut des marches bordées de baïonnettes, a élevé l'ostensoir aux rayons dorés. Les tambours battent au champ, les sabres s'inclinent, le clairon envoie ses notes vibrantes..., et là-bas, une émotion soudaine, indicible, passe sur le peuple agenouillé; quelque chose comme un tressaillement de l'âme nationale qui est au Christ, et reste à lui malgré tout...

Où était à ce moment l'abbé Didelot ? A l'écart, les mains jointes, perdu dans sa prière : il adorait, remerciait..., il recommandait à Dieu ses chers soldats.

Eux aussi étaient émus, « tout chose », comme ils disaient, et plus d'un, au ressouvenir des Fêtes-Dieu du pays, — toujours les plus belles, celles-là, — sentit glisser une larme sur sa joue brunie.

— Ça y est, je pleure comme une petite fille, murmure l'un d'eux, un grand diable qui revenait de Sébastopol..., et dire qu'on parlait de supprimer le bon Dieu ! Tas de farceurs ! Qu'est-ce qu'ils mettraient à la place ?

*
* *

En 1857, le cercle des militaires put être transféré à la caserne. M. Didelot en rendait compte en ces termes :

« Le 16 novembre 1857, après en avoir conféré avec M. le général Baron Ambert et Mgr Menjaud, évêque de Nancy, M. Ferru, colonel du 63e de ligne, m'a installé à la caserne pour m'occuper du moral des soldats. Pour cela, il m'a donné la salle d'école de la caserne pour les réunir tous les jours, après l'appel du soir, jusqu'à dix heures.

» Ce cours a pour but premier de soutenir les militaires dans leurs bons principes. Cependant il y a un cours d'instruction primaire où ils apprennent à lire, à écrire, à calculer.

» Le dimanche, les soldats, au lieu d'étudier, s'amusent à différentes sortes de jeux ; puis on termine comme toujours par une lecture militaire et la prière, qui se compose d'un *Pater* et d'un *Ave*.

» Ce qui prouve l'utilité de ce cours et annonce des résultats, c'est que, de l'aveu des chefs de corps, il y a moins de soldats à la salle de police. L'esprit d'insubordination disparaît, ils sont plus attachés à l'autorité.

» Les moyens de réussite : je recrute parmi les militaires des moniteurs qui ne demandent pas mieux que de se prêter à l'instruction de leurs camarades.

» Pour le matériel, il n'en est pas question.

» Je ne parle pas du bien particulier qui s'opère : combien de jeunes gens, arrivés bons, et pour lesquels ce cercle est une planche de salut !

» En sorte que, par ce moyen, le maintien des bons principes, l'esprit d'ordre, en un mot le *bon esprit*, triomphera *sûrement* et toujours dans les régiments. »

***

A l'Œuvre des soldats se joignit bientôt l'instruction chrétienne aux enfants de troupe : pauvres petits, jetés dans le moule rigide du régiment, esseulés pour la plupart, qui leur dira qu'ils ont une âme, et, près d'eux, quelqu'un qui les aime ?

Oh ! ce quelqu'un-là, ils le connurent vite. Comme ils accouraient lorsque l'abbé, arrivant à l'heure réglementaire, leur souriait, les deux mains tendues : « Bonjour, bonjour, mes amis ! »

Détail à noter : jamais, dans l'exercice du zèle, l'abbé Didelot ne se départit d'une rigoureuse obéissance au règlement : « Ne prenons pas au-delà de ce qu'on nous accorde, disait-il, ce serait compromettre le bien. » Les chefs le savaient, et de fait les portes lui étaient au large ouvertes.

Il avait une pile de lettres de félicitations des généraux et des colonels des différents régiments de la garnison de Nancy.

Citons les deux suivantes :

Nancy, le 14 septembre 1863.

« Monsieur l'Aumônier,

» Au moment où mon régiment va quitter la » ville de Nancy, je ne veux pas partir sans

» venir vous exprimer toute ma reconnaissance
» pour *le zèle et le dévouement infatigables* dont
» vous avez fait preuve en faveur de mes braves
» et bons soldats. Vous avez été pour moi,
» Monsieur l'Abbé, et pour la discipline de mon
» régiment, un auxiliaire précieux ; tous vos ins-
» tants, votre vie tout entière, ont été consacrés
» à l'œuvre de la propagation des saines doctrines
» de la religion, et aussi à la moralisation et à
» l'éducation du soldat,

» Votre douceur angélique et votre modestie,
» Monsieur l'Abbé, en accomplissant des actes
» aussi généreux, en rehaussent encore le prix.
» Recevez mes sincères remerciements pour
» tant de soins, de peine et d'abnégation !

» Veuillez agréer, Monsieur l'Aumônier, l'assu-
» rance de mes sentiments de haute considé-
» ration.

» Le colonel du 94e,

» OLLIVIER. »

Même expression de gratitude dans la lettre
qui suit :

Nancy, le 18 mai 1866.

« Monsieur l'Abbé,

» Au moment où l'état-major du 79e de ligne
» va quitter Nancy pour se rendre dans une
» nouvelle garnison, il est de mon devoir de vous

» adresser tous mes remerciements pour les sol-
» licitudes et le dévouement que vous n'avez
» cessé de témoigner aux militaires du 79ᵉ,
» et particulièrement aux enfants de troupe,
» dont la conduite a toujours été très bonne,
» ce qu'on doit attribuer aux soins que vous

—— Le Général Baron Ambert. ——

» avez pris de leur instruction religieuse et
morale.

» Je suis convaincu qu'un grand nombre de
» militaires du régiment ont bien profité des
» conférences que vous avez bien voulu faire
» pour eux.

» Je ne doute pas que vous ne trouviez auprès
» du colonel du régiment qui nous succède dans
» la garnison de Nancy, le bon accueil que vous
» méritez à tous égards.

» Veuillez agréer..., etc.

» Le colonel du 79e de ligne,

» DE CISSEY. »

A leur tour, ses chers enfants de troupes,
lorsqu'ils partaient, n'avaient garde d'oublier
leur bienfaiteur. Une liasse de lettres dentelées,
enguirlandées, en est la preuve touchante.

Voici l'une de ces lettres dans tout son naturel :

« Cher et Vénérable Pasteur,

» C'est avec la plus grande joie que je mets
» la main à la plume pour nous informer de
» l'état de votre santé. Quant à nous, nous nous
» portons tous pour le mieux.

» Le 3e Lanciers, notre régiment, a quitté
» Fontainebleau le 26 juin dernier, et nous
» sommes arrivés à Pont-à-Mousson le 9 juillet,
» et je vous assure que c'est avec une grande
» joie que nous nous sommes rapprochés de
» vous. Pour moi la joie a été encore plus
» grande, car en me rapprochant d'un bon et
» digne protecteur, je me rapproche aussi de
» ma famille.

» Bochat et Belleœil sont partis en congé, et
» je vous assure que c'est avec beaucoup de
» regret que nous les avons quittés, car ils
» étaient au milieu de nous ce que fut autrefois
» Moïse au miliéu de son peuple. Mais Bochat
» a été remplacé par un brigadier qui ne mérite
» pas moins d'éloges, car c'est un véritable
» pasteur au milieu de ses brebis ; aussi nous
» efforçons-nous à mériter son estime et son
» amitié.

» Le colonel ainsi que son honorable dame
» sont toujours aussi bons pour nous. Tous les
» dimanches nous allons les voir. Nous conti-
» nuons à aller à l'école, pas chez les Frères,
» attendu qu'il n'y en a pas, mais à l'école pri-
» maire.

» Nous sommes près d'entrer en vacances, mais
» c'est dommage qu'il y ait si peu de temps que
» nous soyons arrivés, car nous aurions pu
» obtenir quelques prix.

» Quant à moi je ne suis plus Trompette
» comme j'étais à Nancy, depuis la nouvelle
» organisation qui vient de se faire pour la
» musique. Duvivier et moi sont passés musi-
» ciens.

» J'ai une petite chose à vous demander. Ce
» serait d'aller voir mon oncle, M. Maurice, et
» de lui faire bien des compliments de ma part :
» dites-lui aussi que je me porte bien et que
« je ne sais s'il a reçu la lettre que je lui ai
» écrite le 17 juillet, par laquelle je lui apprenais
» la décoration de la médaille militaire de mon

» père par l'empereur lui-même, et qu'il a eu
» l'honneur de dîner avec Sa Majesté. Il a été
» décoré à Plombières où l'empereur était aux
» eaux.

» Soyez assuré, Monsieur Didelot, que je ne
» vous oublierai pas, car jamais votre nom n'est
» sorti de notre mémoire depuis que nous vous
» avons quitté.

» Tous les enfants de troupe se joignent à
» moi pour vous faire mille honnêtetés. Prévôt
» est toujours bottier, Bernard et Happe appren-
» nent la musique depuis quelques jours seule-
» ment. Bernard, qui autrefois était si malin, est
» aujourd'hui un excellent garçon ; mais il était
» temps qu'il comprenne ce qu'il avait à faire et
» qu'il reconnaisse ses erreurs d'autrefois. Au-
» jourd'hui il écrit assez bien et donne beaucoup
» d'espoir pour l'avenir.

» Nous vous embrassons tous du plus profond
» de notre cœur et nous sommes pour la vie
» Vos très humbles et très obéissants servi-
» teurs.

» Pour les enfants de troupe,

» Ad. GARNIER,

» Élève musicien au 3ᵉ Lanciers à Pont-à-
» Mousson. »

L'abbé était heureux de ces témoignages :
« pour l'honneur de DIEU et du Ministère, »
disait-il.

En 1867, la Société d'Encouragement au bien décerne à M. l'abbé Didelot, depuis 1864 aumônier des Prisons en même temps que Directeur de l'Œuvre des militaires à Nancy, une médaille d'honneur au nom du Comité central de Paris :

« Nous n'étonnerons personne, excepté lui-
» même, dit le rapport, en récompensant M^r
» l'abbé Didelot par le don d'une médaille
» d'honneur de première classe.

» Cet excellent homme, si bien pénétré des
» devoirs de son état, qui se multiplie chaque
» jour pour le soulagement et l'instruction de
» ses frères, nous le voyons sans cesse occupé
» d'œuvres pieuses, quittant la prison où il va
» prodiguer les salutaires conseils et ramener
» les pauvres égarés dans le bon chemin, pour
» se rendre près des malades auxquels il apporte
» de suprêmes consolations, et se délasser
» chaque soir en instruisant les soldats dont il
» s'est fait l'ami, le père.

» L'école régimentaire de l'abbé Didelot est
» une réunion de militaires studieux qui vien-
» nent là tous les jours avec joie et empresse-
» ment. Ils apprennent tout à la fois à lire,
» écrire, compter, et, ce qui vaut mieux, à deve-
» nir d'honnêtes gens, à conserver, quand ils en
» ont reçu, les bons principes de leur enfance, à
» en acquérir quand ils ont eu le malheur d'en
» être privés. Aussi, il faut voir comme ils
» aiment leur abbé, ces braves soldats ! comme
» ils l'écoutent, comme ils le vénèrent et quelle

» confiance ils ont en lui ! Nous avons vu un
» ancien sous-officier retiré du service venir,
» après plusieurs années, du département de la
» Corrèze à Nancy, pour serrer la main du
» digne prêtre qui l'avait instruit et guidé.
» C'est avec des larmes de reconnaissance dans
» les yeux qu'il nous parlait de lui. Heureux
» ceux qui inspirent de tels sentiments : plus
» heureux ceux qui profitent des leçons d'un
» tel maître ! »

***

La guerre de 1870 vint disperser le cercle
Sainte-Catherine. Bientôt les casernes, la prison
et divers établissements, transformés en ambu-
lances, reçurent nos premiers blessés.

Est-il besoin de le dire, l'abbé Didelot s'y
prodigua. Et lorsque l'envahisseur chassa la plupart des nôtres de l'ambulance de la prison de
Nancy, ce fut en pleurant qu'il les suivit jusqu'à
la gare..., à cette même gare où, tant de fois
naguère, il avait accompagné d'un bon sourire
et d'un « Dieu vous garde ! » ceux qui allaient
rejoindre d'autres régiments.

Le lendemain, les Prussiens installaient à
l'ambulance de la prison leurs propres blessés, à
côté de ceux des Français qu'ils n'avaient pu
transporter en Allemagne. L'abbé ne voulut
voir en eux aussi que des victimes de la guerre
auxquelles il ne pouvait refuser ses soins. Mais
quand le directeur prussien lui présenta des

appointements, il repoussa l'offre avec fermeté :
tous les employés de la prison s'honorèrent par
un égal refus.

Bon nombre de nos soldats prisonniers étaient
encore amenés à l'ambulance. Une fois entre
autres, à onze heures du soir, on y vit arriver
cinquante soldats français exténués, affamés, les
vêtements en lambeaux, sans que le vainqueur
se fût occupé d'aucun préparatif pour eux.

Aussitôt M. Didelot est debout, il s'en va
quêtant des vivres de maison en maison. En ces
heures d'angoisses les cœurs s'unissaient, les
mains s'ouvraient généreusement.

Il rentre, escorté de porteurs de provisions,
de vin, d'effets de toute sorte, et peut ainsi
remédier au lamentable dénuement des malheureux soldats.

Son active charité pourvoyait à tout. A ceux
qui admiraient son merveilleux esprit de ressources, il recommandait le silence : « De la
prudence, répétait-il, ce n'est qu'à cette condition
que nous pouvons faire du bien. »

Lui-même ne se départit point de cette règle :
aux *reporters* qui l'interrogeaient sur l'intérieur
de la prison, il ne répondait mot.

Et pourtant, à côté de l'ambulance, cette
prison de Nancy offrait alors un spectacle unique, inoubliable : les gens les plus honorables,
des fonctionnaires respectés, des hommes dis-

tingués par l'estime de leurs concitoyens, y
furent jetés sous l'inculpation de révolte, ou
même d'insuffisant respect à l'égard des chefs
prussiens...

On y vit le Procureur de Neufchâteau, le
Receveur des Postes de Nancy, le Maire de
Vitry-le-François, celui de Baccarat avec ses
conseillers municipaux, le Maire de Fontenoy-
les-Toul, — ce village que l'ennemi incendia
d'une façon sauvage, — et bien d'autres !

La femme d'un conducteur des ponts-et-
chaussées y fut retenue six semaines pour avoir
mal parlé d'un officier prussien. Puis, à la suite
de perquisitions faites pour saisir les armes, on
y conduisit la veuve d'un Conseiller à la Cour
d'appel ; un enfant de quatorze ans ; un vieillard
de quatre-vingts ans qui n'avait pu se séparer
d'un vieux sabre, une relique... Une femme chez
qui l'on avait trouvé un débris d'uniforme français ; enfin un professeur de cor de chasse !...
ineptes et arbitraires humiliations qui se renou-
velèrent partout, et dont la blessure s'est creusée
profonde dans le souvenir français.

L'abbé Didelot se multiplia près de tous ces
vaincus de la force brutale, s'ingéniant, par mille
attentions, à tromper un peu leur tristesse,
ou du moins à leur adoucir matériellement
l'épreuve.

Tous ont gardé du digne prêtre un souvenir
ému : plusieurs, le rencontrant dans la suite, lui
serraient les mains avec effusion et disaient de

façon significative : « Ah! voici notre aumônier ! »

Ce ne fut point seulement aux hôtes de la
prison que l'aumônier se dévoua :

Un jour, dans la maison habitée par sa sœur,
le conseil de guerre venait de condamner à mort
un blessé français pour avoir menacé de son
couteau un prussien.

L'abbé fit mille démarches pour détourner ce
coup : aidé d'un médecin, il parvint à sauver
l'infortuné, le faisant passer pour fou et obtenant
qu'il fût mis en observation à l'hôpital.

Le silence de l'humble prêtre a tenu dans
l'ombre bien d'autres dévouements. Nous savons
du moins que cette triste période le vit sans
cesse debout, faisant, non pas tout ce que son
cœur eût voulu, mais plus encore que le dictateur
ennemi ne le lui permettait !

***

Allait-il, après la guerre, reprendre sa mission
libre près du soldat ?

La création de l'aumônerie militaire, votée
par l'Assemblée nationale en 1874, dut néces-
sairement dissoudre le Cercle Sainte-Catherine.

M. Didelot était tout désigné pour les fonctions régulières d'aumônier de la garnison de
Nancy. Par suite de circonstances que nous
ignorons, ce poste ne lui fut pas donné. Ce fut

un rude coup ; il le supporta en silence. Mais qu'il
dut lui en coûter d'abandonner l'œuvre qui avait
eu le meilleur de sa vie ! Une seule fois il laissa
échapper ces mots : « Après vingt-cinq ans,
quitter mes soldats... et même mes enfants de
troupe !... »

Tous du moins lui restèrent par le souvenir
et par le cœur : « Lorsqu'il passait, dit l'un
d'eux, nous lui faisions le salut militaire comme
au général... et quand il vous abordait avec un
brin de tristesse dans son bon sourire, mille
bombes ! on serrait vivement sa main et on
disait : « Père, soyez tranquille, nous ne vous
oublierons jamais ! »

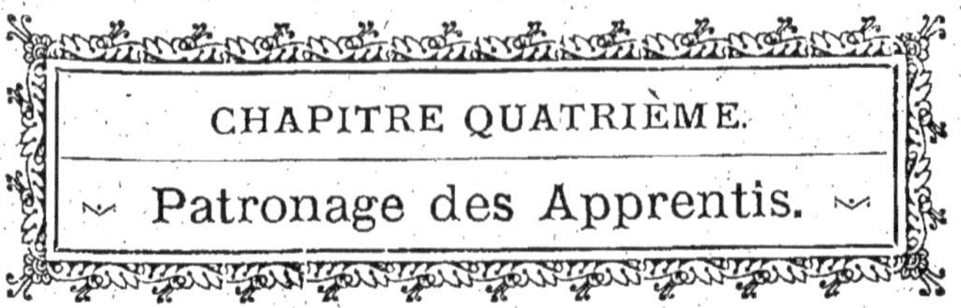

L'APÔTRE des casernes donnait encore son zèle à une œuvre non moins utile, le Patronage des apprentis de la ville.

L'œuvre, encouragée de longue date par de généreuses fondations, — celle entre autres du général Drouot, — était demeurée sans organisation distincte jusqu'en 1855.

A cette époque le Patronage reçut du Bureau de bienfaisance les statuts et le règlement qu'il conserve encore aujourd'hui.

Ce règlement ne se borne pas à pourvoir à l'instruction primaire des apprentis ; il établit une réunion du dimanche où doit être donnée l'instruction morale et religieuse :

« La Commission, disait le rapporteur (1),
» après avoir donné au Patronage les dévelop-
» pements que nous venons d'énumérer, après
» lui avoir appliqué constamment la loi du
» progrès, n'a pas cru sa tâche terminée. Elle
» a pensé qu'en secourant le corps, qu'en éten-
» dant les facultés de l'esprit, il devait encore y
» avoir place pour les besoins de l'âme, et elle
» a songé au devoir religieux.

» Aux jours de réunion, les membres de la
» Commission s'appliquaient à faire comprendre
» aux apprentis que l'homme a des devoirs à

____
1. 21 avril 1858.

» remplir envers son Créateur. L'enfant écoutait;
» mais bientôt sa légèreté, le dominant et parlant
» plus haut que la raison, le ramenait à une
» déplorable indifférence. Au sein même de la
» famille, il était rarement stimulé, ou par un
» conseil ou par l'exemple. En outre la Com-
» mission avait acquis la triste certitude que,
» même aux jours de nos grandes solennités, il
» était retenu à l'atelier et n'assistait point à
» l'office divin.

» Le mal était grave ; il fallait un remède
» efficace. On a décidé alors que les apprentis
» appartenant au culte catholique se réuniront
» tous les dimanches dans une chapelle, pour y
» entendre la messe et une instruction appro-
» priée à leur âge et à leur position.

» Mais pour arriver à la réalisation de cette
» sage mesure, l'autorisation du premier Pasteur
» du diocèse était nécessaire.

» La Commission se rend auprès de Monsei-
» gneur l'évêque, qui accueille avec une grande
» bonté sa demande, ses vœux : « Vous faites
» là, Messieurs, a-t-il ajouté, une œuvre bien
» utile, continuez : les enfants pauvres que vous
» secourez sont aussi mes enfants. »

» Encouragés par ces témoignages de bien-
» veillance, encouragés aussi par l'affectueuse
» sollicitude que le Patronage inspire aux dignes
» Sœurs de la Visitation, nous avons appelé le
» dimanche dans leur chapelle les apprentis
» confiés à nos soins. »

Cette mission du dimanche devient le nouveau

champ de zèle de M. Didelot. Chaque semaine il se rend à l'humble chapelle, y dit la messe, et, comme saint François d'Assise... il prêche aux oiseaux !

Ils viennent un peu de partout, ces oiseaux de l'atelier. L'Abbé les a vite gagnés : « Tu verras, il n'ennuie pas le monde, » disent les anciens aux nouveaux venus.

L'Abbé lit l'Évangile, puis en donne une explication pratique, appropriée à son jeune auditoire.

« Il parlait sans art, dit un de ceux qui l'entendirent souvent ; d'une façon simple, populaire, parfois avec une force, une chaleur à émouvoir les plus insensibles. »

« Impossible de ne pas bien dire son Pater, a dit un ouvrier, quand on voyait l'abbé Didelot les mains jointes, les yeux en haut comme s'il était au Ciel. »

Il insistait sur la prière fondamentale du Pater : « Elle renferme tout, disait-il, oui, tout pour glorifier Dieu et nous rendre heureux. Dites bien le *Notre Père* tous les jours, et je réponds de vous. »

Il s'attachait à montrer les bienfaits de la religion :

« O Religion sainte, que n'êtes-vous connue sur la terre ! il serait imposible de ne point vous admirer. Que n'êtes-vous pratiquée ! ce serait un changement total dans la vie de l'homme, de la famille et de la société. Ce ne seraient plus les mœurs corrompues et corruptrices de la pauvre humanité, mais l'humilité, la douceur, la bonté, l'honnêteté...

» Rien de beau, rien de grand, rien de noble comme la religion. Il faut de la religion, sans cela le cœur est une terre où poussent tous les défauts, tous les vices.

» On ne refuse d'ouvrir les yeux, disait-il encore, que parce qu'on ne veut pas se vaincre : l'impiété n'est pas dans la tête, elle est dans le cœur.

» Religion, vertu, bonheur, ces trois mots ne font qu'un. Avec Dieu, c'est l'ordre, c'est la justice, c'est le bien, parce que Dieu préside par sa loi.

» Un chrétien compte ses fautes ; celui qui ne l'est pas ne les compte plus. »

Il répétait souvent : « La vie pénible de l'ouvrier a besoin de la prière... Ne séparons jamais cette vie de peine de la pensée de l'autre vie. »

Et parlant de la dignité de l'âme :

« Estimons notre âme plus que toute chose en la conservant honnête, vertueuse.

« Votre âme vaut aux yeux de Dieu celle d'un grand de la terre. »

Au sujet de cette parole de l'Évangile : « Méfiez-vous des faux prophètes, » il s'écrie avec force :

« Gardez-vous de ceux qui viennent à vous pour vous entraîner dans le mal, vous faire tomber dans le piège ; qui cherchent à vous éloigner de Dieu, de vos devoirs, à vous pousser à l'ivresse, à la débauche, au manque de respect pour le bien d'autrui : ce sont des loups ravisseurs qui viennent vers vous... ils cherchent à vous perdre par leurs paroles trompeuses, leurs offres perfides...

» Sachons résister, disons-leur : Gardez vos trésors, séducteur, serpent ! Je n'en veux point parce que je ne veux pas perdre mon âme. »

Il continuait indigné : « J'ai vu de ces suppôts du démon faire le trafic infâme de perdre les âmes ! »

Plus d'un cri semblable s'échappe des papiers jaunis où le saint prêtre livrait çà et là un peu de sa douloureuse expérience.

Il y avait aussi les joies : cette retraite pascale où l'abbé Didelot montrait les grandes vérités, inspirait les résolutions fermes, et, Dieu aidant, opérait en ses chers apprentis des transformations vraies et durables.

Un sentiment qu'il prenait soin de développer chez ses enfants était celui de la reconnaissance :

« Voyez comme ces Messieurs (1) s'occupent de vous ! on ne peut assez les remercier. »

Il ajoutait :

---

1. Les membres de la Commission.

« Croyez bien, mes amis, que vous attirez des regards attentifs et bienveillants de tout le monde. Oui, tout le monde sent l'importance de former la jeunesse. Pour elle-même cette jeunesse sauvée sera heureuse... et quelle joie pour vos parents ! Ils diront : « J'ai un bon fils, j'ai de bons enfants. » Vos maîtres, à leur tour, seront fiers de pouvoir présenter à la société des sujets dignes, des sujets vertueux. »

Un monceau de petites feuilles manuscrites témoigne du soin que l'abbé Didelot mettait à préparer ses instructions. Dans ces notes, aucun souci de la forme ; la pensée y ressort vigoureuse et spontanée.

On l'a dit avec raison : « Plus une parole ressemble à une pensée, une pensée à une âme, et une âme à Dieu, plus tout cela est beau (1). » La parole de l'abbé Didelot, c'était bien lui tout entier ; c'était son âme toute faite de bon sens, de droiture et de charité. Nous avons multiplié les citations : elles iront à plus d'un cœur qui se souvient !

Le Bureau de bienfaisance s'était honoré en confiant à M. Didelot ses jeunes apprentis. Monsieur N... P.., son Président, avait affirmé, dans l'indépendance d'une conviction qu'il ne cessa de défendre, que l'œuvre ne serait efficace qu'à la condition d'y maintenir l'élément religieux.

---

1. Joubert.

Des relations de mutuelle et profonde estime unirent toujours cet homme de bien et le dévoué aumônier. Ces deux hommes à l'âme haute étaient faits pour s'entendre. Qui s'en étonnera ? Jésus n'aima-t-il pas Nathanaël parce qu'il avait le cœur droit ?

Un peu avant sa mort, l'abbé Didelot, parlant de ses chers apprentis auxquels, pour la dernière fois, il avait prêché la retraite de Pâques, disait : « On peut tout espérer des enfants... j'ai confiance, beaucoup resteront d'honnêtes gens, de bons chrétiens. »

Ces paroles, vrai testament de son cœur, ne seront point oubliées de ceux à qui le bon prêtre a si longtemps prodigué son affection de père, son inépuisable dévouement d'apôtre !

CHAPITRE CINQUIÈME

Société de Saint-Crépin. — Saint-François Régis. — Ministère près des malades.

PARMI les œuvres chères à l'abbé Didelot, nous n'aurions garde d'omettre la *Confrérie de Saint-Crépin*, association charitable et chrétienne des cordonniers de Nancy.

Les origines de cette antique confrérie remontent à plus de deux siècles et demi.

Un cordonnier de Luxembourg, nommé *Henry*, la fonda en 1645. Elle s'étendit bientôt à un grand nombre de villes, gagna promptement la Lorraine, et devint florissante à Nancy.

« Le bon Henry » était navré de voir ses compagnons s'abandonner à l'oubli de Dieu et à l'indifférence, qui est encore aujourd'hui la maladie du siècle. Il voulut y remédier en les allant trouver pour les ramener à la religion et leur venir matériellement en aide. Il sut y réussir.

« Une bulle du Pape approuva cette noble tentative, et donna aux confrères cette belle devise que porte encore leur bannière : *Piété et Miséricorde.* »

La Révolution, qui dispersa tout, n'avait pas épargné la corporation de Nancy.

Cependant, un cordonnier de la rue Saint-Nicolas sauve la statue de saint Crépin, la tient soigneusement cachée, et, à sa mort, fait promettre à sa fille de la rendre à la Confrérie, si plus tard elle se reconstitue. Ce vœu eut son fidèle accomplissement.

Au même moment, un autre ouvrier apportait un vieux diplôme du Pape concédant des privilèges à cette statue : ainsi renaissait la Confrérie.

En 1857, les ouvriers militaires de la garnison ayant demandé à M. Didelot de dire une messe en l'honneur de saint Crépin, l'élément militaire se joignit à l'élément civil et accrut la solennité de cette fête annuelle.

En 1892, Mgr Turinaz, évêque de Nancy, donnait lui-même, en une vibrante allocution, le panégyrique des saints patrons *Crépin* et *Crépinien*. Il le terminait ainsi :

« Vos patrons sont des saints. Ces saints sont
» des martyrs. Ces martyrs sont des ouvriers.
» Ces ouvriers sont vos modèles. Ils ont sanctifié
» le travail, et ils sont morts pour la défense de
» la liberté des consciences. Le travail n'est pas
» aujourd'hui plus rude pour vous qu'il ne l'était
» pour eux. Pratiquez-le courageusement à leur
» exemple ; pratiquez-le surtout chrétiennement
» comme ils l'ont fait avant vous. La voie fut
» tracée par eux, et votre évêque vous engage
» à la suivre. Il souhaite que votre Confrérie de
» Saint-Crépin, déjà si belle et si nombreuse,
» demeure de plus en plus florissante. »

L'abbé Didelot était heureux de cette fête. C'était lui qui célébrait la messe et rédigeait les comptes-rendus, — ce qui explique qu'il n'y soit jamais parlé de lui.

Il avait à cœur le principe chrétien de la corporation : il le prouvera lorsque, peu de temps avant sa mort, il fondera à perpétuité, de ses propres ressources, la messe annuelle de Saint-Crépin, « afin, disait-il, que cette partie religieuse demeure dans la société. »

⁂

La Confrérie de Saint-Crépin compte parfois sous sa bannière des vétérans du travail atteints par la maladie ou par le chômage.

Pas un qui n'ait souvenir d'un trait de bonté de l'abbé Didelot : « S'il nous savait malades ou dans la gêne, dit l'un d'eux, vite il venait, et nous encourageait : « Mon ami, une personne charitable m'a chargé de vous remettre ceci, » et il se retirait tout de suite, en disant avec un bon sourire content : « Bonjour, bonjour, mon cher, merci... »

A combien n'est-il pas venu en aide ! Ici une recommandation à propos, là un secours, un prêt d'argent..., et tout cela le plus simplement du monde ; il ne croyait même pas mériter la reconnaissance : toujours il remerciait du service qu'il venait de rendre !

*
* *

Mais c'est dans l'œuvre difficile des « unions régularisées », œuvre dite de *Saint-François Régis* (1), qu'il n'eut point son pareil.

On ne tenait pas contre ses bonnes raisons ; il vous disait doucement : « Mon ami, il faut mettre ordre à votre ménage, il faut aller à la mairie et devant le prêtre.

— Mais, m'sieur l'abbé, faut les papiers, ça coûte...

— C'est bon, c'est bon, je me charge de tout..., et vous dînerez chez moi le jour de votre mariage, c'est convenu. »

Au jour dit, l'abbé mettait une belle nappe sur sa pauvre table, achetait une pâtisserie et montait une bouteille de bon vin, gardée pour la circonstance.

« Ces jours-là on ne reconnaît plus Monsieur l'abbé, disait sa vieille servante : lui qui ne s'inquiète guère de ce qu'il mange et vivrait de rien du tout, il vient à la cuisine, il me recommande deux ou trois fois de bien soigner le dîner. »

Et si l'on s'exclamait sur la qualité des convives :

— Voyez-vous, disait l'abbé, ils sont reve-

1. La Société de Saint-François Régis a été fondée à Nancy par M. Nicolas Vagner, l'intelligent et généreux chrétien à qui Nancy doit l'initiative de tant d'œuvres charitables.

nus au bien, au devoir, il faut qu'on leur fasse fête.

Que de pauvres gens l'abbé Didelot remit ainsi dans le bon chemin, soutint de ses conseils, réconcilia entre eux et avec DIEU !

***

On l'appelait de toutes parts auprès des malades. Tel qui avait obstinément repoussé le prêtre s'attendrissait devant lui, et finalement mourait comme un saint.

Deux libres-penseurs bien connus ne le rencontraient jamais sans traverser la rue pour lui serrer la main: « Monsieur l'abbé, nous n'oublierons jamais ce que vous avez été pour notre père à son lit de mort. »

Un autre lui disait au sujet d'un ami difficile à convertir : « Quand X... sera à la mort, je prendrai un fiacre et je vous mènerai près de lui, il n'y a que vous ! »

***

Une femme chrétienne l'appela un jour auprès de son mari très malade. La place était bien gardée : des francs-maçons, amis de cet homme, se relayaient près de lui pour s'opposer à l'arrivée du prêtre.

La pauvre femme ne se décourage pas, elle prie et fait prévenir M. Didelot. Celui-ci accourt.

Dans ce moment même, trois francs-maçons cernaient le malade, qui baissait rapidement ; il n'y avait pas de temps à perdre. L'abbé Didelot, après un signe de croix, ouvre la porte. Devant cette physionomie souriante et bonne, les trois sectaires se regardent : tout à coup ils se lèvent, comme mûs par un ressort.

« Ah ! si c'est vous, Monsieur l'abbé, nous partons..., » et ils se retirent en s'inclinant respectueusement.

Qui fut heureux ? L'abbé, et surtout le pauvre agonisant, qui ne demandait qu'à se réconcilier avec Dieu.

*
* *

Un autre moribond, lui aussi de la secte, avait, de son propre mouvement, demandé l'abbé Didelot. Trois fois l'abbé se présente : il est poliment éconduit par les Frères et amis ; on l'empêche d'approcher le malade, qui l'attendait avec anxiété. Le pauvre homme mourut sans sacrements et fut enterré civilement.

« Après l'enterrement, raconte un témoin, j'étais au cimetière sur la tombe de mes parents. En descendant l'allée, je trouve l'abbé Didelot à genoux dans la boue, devant la fosse encore ouverte ; il priait, il pleurait à chaudes larmes, la tête dans ses mains. »

***

Mais il n'eut pas souvent pareille peine ; son nom seul lui ouvrait toutes les portes.

Près des incrédules, il parlait peu, il priait, et Dieu lui donnait parfois, pour les convaincre, des mots d'une singulière justesse.

Une vieille voltairienne, — qu'il convertit depuis, — lui disait au sujet de la sainte Communion :

— Comment voulez-vous que je croie, Monsieur l'abbé, que Dieu se soit fait nourriture?

— Madame, une mère nourrit ses enfants de son lait, qui est sa propre substance : Dieu, infiniment bon et tout-puissant, ne peut-il pas aussi nourrir ses enfants de sa substance ?

***

A un malade qui ne pouvait se résoudre à pardonner une injure, l'abbé, rappelant ce passage du *Pater :* « Pardonnez-nous *comme nous pardonnons...* », dit d'un accent pénétré :

« Combien il est consolant de pouvoir nous assurer notre salut en pardonnant ! »

Ce seul mot mit en paix le malade. Il pardonna, et sa mort fut édifiante.

LE PÈRE LACORDAIRE.

***

D'une sévère discrétion au sujet de son ministère, jamais l'abbé Didelot ne laissa échapper un mot pouvant désigner ceux qui, en si grand nombre, lui ont dû le salut de leur âme.

Ne s'attribuant en rien le succès, il ne se lassait pas d'admirer les coups de la grâce. Une fois, il cita le trait suivant :

« Je fus un jour appelé près d'une dame malade, tout à fait incroyante, et même connue pour son hostilité à la religion.

» J'arrive près d'elle. A mon grand étonnement, elle se confesse avec beaucoup de foi et de piété. Je lui exprime ma surprise et ma joie de la voir revenir à Dieu et je lui dis :

— Mais comment cela s'est-il fait ? Quel acte avez-vous pu accomplir qui vous ait valu cette grâce ?

— Je ne me souviens de rien...

— Cherchez...

» Tout à coup la malade s'écrie :

— Monsieur l'abbé, ouvrez ce tiroir...

» J'ouvre, je cherche... et, tout au fond, je découvre une statuette de la Sainte Vierge. Je la lui remets :

— Monsieur l'abbé, dit-elle, j'ai brisé tous mes Christs, tous mes objets religieux, mais cette statuette, je n'ai jamais pu la détruire...

— Et c'est elle qui vous sauve, ai-je repris tout ému. »

***

Il visitait un ancien officier supérieur que les préjugés avaient longtemps éloigné de la religion.

« Je ne puis assez dire, écrit la veuve de cet officier, avec quelle patience, quelle délicatesse, M. Didelot a peu à peu ramené mon mari ! quels aperçus profonds il savait amener dans la conversation, le plus simplement du monde !

» Il était d'une extrême modestie, ne parlant jamais de lui. Un jour qu'il avait, par mégarde, dit l'affection que lui témoignait le Père Lacordaire, je le félicitai d'une pareille amitié. Aussitôt il reprit, tout confus : « Oh ! ce n'était pas pour me flatter, cela prouve seulement la bonté du Père Lacordaire. » Et il passa vite à un autre sujet.

***

Il ne pouvait souffrir les compliments, et Dieu sait si on les lui ménageait à brûle-pourpoint.

A la moindre parole d'éloge, un petit signe de croix sur sa poitrine pour chasser la vanité... qu'il n'avait pas !

Quand on lui rapportait quelque coup d'encensoir à l'adresse de certains hauts personnages :

— C'est incroyable, disait-il de l'air le plus surpris, à quoi bon ? qu'est-ce que nous sommes tous ? De pauvres pécheurs, rien de plus.

*
* *

Au souvenir du Père Lacordaire, cité plus haut, se rattache le fait suivant :

Lorsqu'en 1847, le célèbre Dominicain vint prêcher à Nancy, sa parole fit une vive impression sur M. Didelot, alors séminariste. Il alla le voir.

« Comme j'entrais dans sa chambre, a-t-il raconté, il me regarda, puis m'ouvrit ses bras. Je fis comme lui, et il me serra longtemps dans les siens en silence. Nous étions si émus que nous ne pouvions parler...

» Quelque temps après, M. de Saint-Beaussant vint me trouver de sa part pour m'engager à entrer dans l'Ordre.

— Et qu'avez-vous répondu ?

— J'ai dit : « Je ne me sens pas appelé. »

Ces derniers mots avaient un tel accent d'humilité que l'interlocuteur en fut tout ému.

— Continuez à être un bon prêtre, lui dit le R. P. Lacordaire lorsqu'ils se revirent, vous sauverez bien des âmes. »

Affilié néanmoins au Tiers-Ordre dominicain, dont il fut un des plus anciens adhérents, l'abbé Didelot aura la joie de compter plus tard deux bien chers membres de sa famille sous l'habit de Saint-Dominique.

Pour lui, ce n'était point sa voie. Il se sentait appelé à glaner dans le champ des pauvres, des petits, plus encore, à ramasser dans le chemin les épis abandonnés, les malheureux tombés, rejetés de partout. Nous le verrons à l'œuvre dans le rude ministère de la prison.

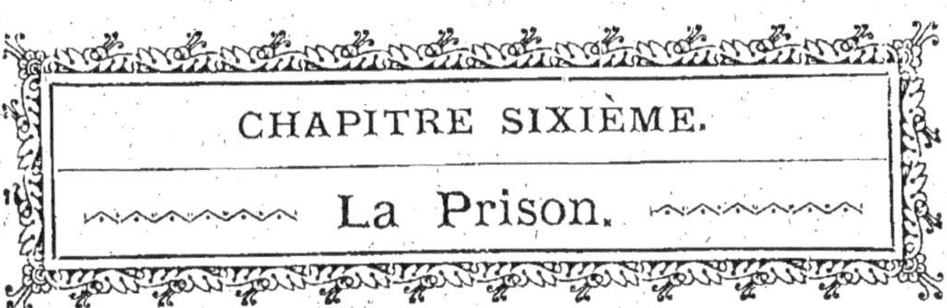

Jusqu'ici, nous avons suivi M. Didelot dans la période pour ainsi dire printanière de son apostolat : comme un chaud rayonnement, l'affection du soldat, de l'ouvrier, de ses chers apprentis lui faisait une douce atmosphère, et son cœur vibrait à tout cela.

Voici maintenant les jours sans sourire : comment décrire autrement la décevante et lourde tâche qu'il allait prendre en acceptant, en 1864, la charge d'aumônier des prisons de Nancy ? Il portera cette charge trente années sans une défaillance, et Dieu sait ce qu'il lui faudra souffrir, ce qu'il devra comprimer d'une extrême sensibilité naturelle...

On a dit qu'à force de charité l'abbé Didelot ne croyait pas au mal : s'il l'excusait, il le voyait cependant, et d'assez près pour y croire.

« Pauvre humanité ! écrit-il ; (ce mot lui revenait souvent.) ...Mais Notre-Seigneur est venu pour relever ce qui était tombé ; il a relevé Madeleine, le larron, tout ce qui réclamait sa pitié : faisons comme lui. »

« Plus ils sont misérables, plus il faut de condescendance... la charité, la charité ! »

« Le catholicisme, c'est la charité, c'est la compassion. »

Il avait le sentiment profond, qu'ont seuls les

saints, d'être pécheur, d'avoir lui-même besoin de miséricorde. Lui parlait-on de quelque scandale, il s'écriait avec véhémence en se frappant la poitrine : « C'est notre faute !... Nous, chrétiens, nous, prêtres, nous devrions être la lumière du monde, le sel de la terre... par nos prières, nos sacrifices, nos exemples. Nous devrions arrêter tout ce mal ! »

L'exemple, il le donnait, le saint prêtre ! Son regard, son sourire, et jusqu'au port de tête, tout, chez lui, disait la miséricorde, la douceur, l'humilité. Cette influence de l'exemple, jointe à une prière intérieure à peu près continuelle, expliquent l'étonnante force de persuasion, de conversion qu'il eut toujours sur les pauvres détenus.

Il gagnait tout d'abord leur sympathie : c'étaient de petites attentions : lait, café, pain pris à la cantine ; sucre candi, oranges pour les malades. L'abbé ne venait jamais les mains vides : « Il faut passer par le corps pour arriver à l'âme ; » c'était un de ses principes. Il appliquait cette parole d'une grande servante des pauvres : « Si vous voulez moissonner cent pour un, aimez, soulagez premièrement, et moralisez ensuite. »

Un jeune garçon de dix-huit ans, du nom d'Émile, élevé sans aucune notion religieuse, avait repoussé l'aumônier.

« Le lendemain, je dormais encore, a raconté le jeune prisonnier. J'entends une voix très douce qui appelait : « Émile. » J'ouvre les yeux et je vois l'abbé Didelot tenant en main une tasse de lait :

— Tiens, Émile, bois cela, ça te fera du bien.

» Pour le coup, je me sens retourné, j'essaye de remercier...

— C'est de la part de ta mère... tu l'aimes bien, n'est-ce pas ? Pauvre enfant ! qu'est-ce que tu as donc fait pour être en prison ?

» Je me mets à pleurer et je lui raconte mon histoire. L'abbé se promenait tout le temps en répétant : « Pauvre enfant !.. pauvre enfant ! tu te repens, tu ne le feras plus, n'est-ce pas ? »

» J'arrive à lui dire, je ne sais comment, que je n'avais pas fait de Première Communion :

— Eh bien ! Émile, il faut t'instruire de la religion. Tous les jours, je viendrai t'en parler un peu.

» Il n'y a pas manqué un seul jour. Au bout de deux mois, j'ai fait ma Première Communion ; je pleurais de joie. L'abbé était aussi heureux que moi. Oh ! le brave homme ! jamais je ne l'oublierai. »

Que d'autres faits du même genre seraient à citer !

**

On sera touché de cette lettre d'un jeune détenu :

« Nancy, le 1er janvier 1888.

» CHER BON PÈRE,

» C'est avec un cœur plein d'envie que nous

voyons arriver ce jour où tous accourent avec joie près du grand-père, du père et des parents

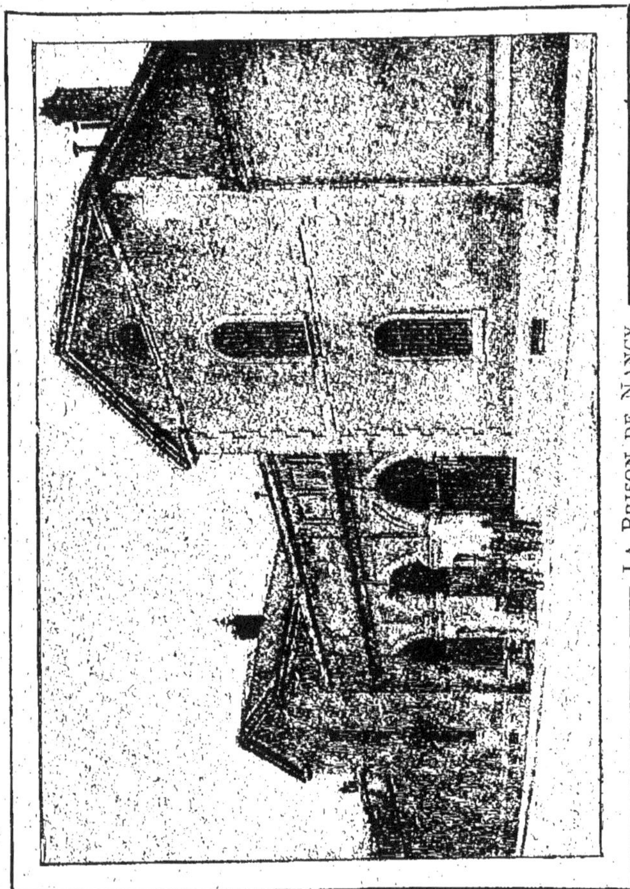

La Prison de Nancy.
(D'après une photographie.)

pour leur souhaiter une bonne et nouvelle année. » Mais nous, qui avons-nous... ici, au milieu d'un séjour où nous sommes tombés par notre faiblesse ?.. Personne.

» Oh ! hélas ! oui ; mais nous sentons dans nos cœurs une secrète voix qui nous dit : « Espérez en Celui qui est le Père de tous. » Aussi, remplis de joie, nous nous joignons pour vous remercier des bienfaits que vous nous avez prodigués pendant le courant de l'année ; car, en enseignant la Foi, vous nous avez comblés de toutes les consolations qu'elle donne.

» Donc, cher Père, nous vous souhaitons tous, avec un cœur sincère, une bonne année, et nous prions Dieu de vous accorder force, courage et santé, pour pouvoir, comme par le passé, être le soutien, le consolateur et le père de tous les malheureux.

» Notre dernier vœu serait que tous nos camarades puissent comme nous apprécier vos bienfaits et s'en trouver toujours dignes.

» Nous sommes avec le plus profond respect, notre cher Père, vos enfants chéris.

» Pour mes camarades,

» D... Nicolas. »

*
* *

Si l'aumônier ne convertissait pas tous ses « clients, » tous, du moins, devenaient ses amis. Il avait pour eux des trésors d'indulgences ; il les excusait, les défendait, voire même à ses dépens.

Un jour qu'il traversait la place du Marché,
il voit un rassemblement : un garçon boulanger,
excité par de copieuses libations, s'était pris de
querelle avec son compagnon. Ils en venaient
aux mains.

L'abbé Didelot s'interpose, tente de les séparer. Le garçon boulanger lui envoie en plein
visage un énorme coup de poing.

Le charitable prêtre n'avait fait aucune plainte ;
mais des témoins indignés appellent la police :
le délinquant y gagne un mois de prison.

L'abbé, désolé, comble d'attentions notre prisonnier, va jusqu'à lui demander pardon de
l'avoir bien involontairement fait mettre sous
les verrous. Et comme celui-ci lui exprimait son
repentir :

— Ne regrettez rien, interrompit l'abbé, sans
cela, nous ne serions pas si bon amis.

*
* *

Quelques notes recueillies sur place complé-
teront ces souvenirs :

M. Didelot arrivait à la prison à cinq heures
du matin. Il y disait presque aussitôt sa messe
pour saisir ensuite les prisonniers au sortir du
dortoir.

Rien de touchant comme de le voir attendre
humblement, patiemment dans les couloirs, à la
porte des cellules, sans jamais importuner les
gardiens. Il avait au plus haut point le respect

du règlement. Sa réserve et sa discrétion étaient extrêmes, ses rapports avec l'administration, pleins d'affabilité.

Il accueillait tout le monde avec une bonne grâce, une douceur inaltérables. Il rendit souvent aux employés des services que ceux-ci n'oublieront jamais. C'est ainsi que, pendant huit mois, en dehors du temps consacré aux prisonniers, il instruisit et prépara lui-même à la Première Communion l'enfant de l'un des gardiens (1).

M. Didelot revenait souvent jusqu'à trois ou quatre fois par jour à la prison ; il avait parfois quatre cents personnes à visiter, à instruire ou à consoler.

Le dimanche, il célébrait le Saint Sacrifice dans une sorte de galerie contiguë à la chapelle, et dont le balcon domine un préau où les détenus viennent entendre la Messe.

De cette espèce de tribune, l'abbé, après l'Évangile, faisait une allocution aux prisonniers. Beaucoup n'ont pas oublié la douce figure, illuminée de bonté, qui se penchait sur eux : « Il avait l'air tout rajeuni, » a dit l'un d'eux. C'était bien l'ange apparaissant au séjour d'expiation !

Combien de ces malheureux avaient désappris la prière ! plusieurs arrivaient le blasphème aux lèvres. L'abbé ne brusquait rien :

---

1. L'enfant s'en est souvenu : une belle couronne, placée sur le cercueil de l'abbé Didelot, portait ces mots : « A mon regretté Bienfaiteur ! Reconnaissance d'un enfant. »

« La charité, la compassion, » c'était le canevas
de toutes ses homélies. Chacune, néanmoins, —

L'ABBÉ DIDELOT
SE RENDANT A LA PRISON.

ses notes l'attestent, — avait un but d'instruction
solide.

La parabole du Bon Pasteur, l'enfant prodi-

Un apôtre de la Charité. 5

gue, la conversion de Zachée, de Madeleine, du bon Larron, lui inspiraient des réflexions touchantes. Il dépeignait le bonheur de revenir à. Dieu :

« Le plus beau jour de la vie, disait-il, c'est celui de la conversion, j'en appelle à tous ceux qui en ont goûté la joie... Vous qui languissez tristement, levez-vous, allez vers votre Père ; il vous ouvre ses bras, lui qui a dit : « Je ne suis pas venu chercher les justes, mais les pécheurs. »

Mais comment arriver à cette conversion ? L'amônier en ouvre le chemin par ses instructions si claires, si persuasives sur la prière et sur le secours efficace des sacrements.

Pénétré de l'importance de cet enseignement, l'abbé ne le livre pas à l'improvisation ; il le prépare, le développe dans ses notes écrites.

Ayant montré dans le sacrement de Pénitence le remède divin, il poursuivait :

« Est-ce seulement en détruisant le mal que nous atteindrons notre but ? Non, cela ne suffit pas ; il faut attaquer *ce qui produit le mal.*

» Pour qu'un arbre sauvage devienne bon et produise de bons fruits, il ne suffit pas de cueillir le fruit mauvais de cet arbre ; il faut enter sur lui une branche renfermant une sève supérieure qui, par son contact, son union intime avec la sève de l'arbre vicié, finira par changer la nature de cet arbre. Ainsi de notre nature viciée : il faut enter en nous quelque chose qui soit capable de nous changer.

» Et c'est ce que Notre-Seigneur Jésus-Christ a fait... A Jésus-Christ seul la gloire d'avoir régénéré le monde : lui seul a dit et a pu dire : Non seulement je vous ai donné ma loi, non seulement je vous ai donné l'exemple, mais *je vous communique ma vie* pour vous aider à accomplir ce que je vous commande.

» Mais où, sur la terre, la puiserons-nous, cette vie divine, avec plus d'abondance que dans ce que je viens proposer à votre bonne volonté, l'Eucharistie?.. »

Venant aux effets de l'Eucharistie, aux merveilles de force et de transformation opérées dans les premiers chrétiens, dans les martyrs, merveilles que le divin Sacrement renouvelle encore tous les jours, il s'écriait :

« A la vue d'aussi grands prodiges, oseriez-vous encore désespérer, jeunes gens que j'aime et que je plains ?... Non, non, vous n'êtes pas incurables, et votre guérison n'est pas impossible.

» Rappelez-vous que de grands pécheurs, que de plus grands pécheurs que vous, sont devenus des héros de la chasteté, de l'humilité et de la charité. Souvenez-vous, ô enfants d'Adam, que Jésus-Christ, connaissant la plaie profonde que nous portons au-dedans de nous-mêmes, a laissé sur la terre un remède capable de la guérir ; et ne soyez pas assez ennemis de vous-mêmes pour vous obstiner à n'en pas approcher...

» Donc, communions, communions souvent.

Alors nous sentirons s'affaiblir et s'éteindre en nous le feu de nos passions ; alors nous deviendrons vraiment libres et vraiment heureux. »

Après Notre-Seigneur, quel refuge plus assuré que la confiance en la Sainte Vierge ? L'abbé avait des accents tels que ceux-ci :

« DIEU a bien fait toutes choses. Lui qui créa la famille humaine, et mit dans le cœur de l'enfant une prédilection en faveur de sa mère, il a compris les besoins du cœur humain : il a voulu, dans l'ordre religieux comme dans l'ordre naturel, que le cœur humain *eût sa mère* : « Fils, voilà votre Mère... » dit JÉSUS-CHRIST du haut de la croix.

. . . .

» Dira-t-on qu'honorer Marie, c'est enlever quelque chose au culte dû à JÉSUS-CHRIST ? Est-ce qu'un fils se plaint de ce qu'on honore sa mère ?

» Nous adorerons DIEU seul, mais on nous permettra d'honorer sa Mère et de nous confier en elle.

» Elle peut tout par sa protection comme DIEU peut tout par sa puissance. »

Il insistait sur les vérités capitales : l'immortalité de l'âme, l'importance du salut. Il excellait dans les arguments de bon sens :

« Sauvons-nous, c'est ce qui nous intéresse, le reste nous intéresse peu... »

« Je me souviens d'une parole d'un homme à qui on demandait une chose injuste : « Si j'avais répondit-il, deux âmes, je vous en donnerais une ; mais comme je n'en ai qu'une, je tiens à la sauver. »

Jamais, au reste, le bon aumônier n'eut de mépris pour son triste auditoire, ni même de découragement.

Pour obtenir le bien, il le suppose ; il dit fréquemment :

« Vous avez tous la bonne volonté, tous vous sentez l'importance des vérités que je vous propose... »

Et de fait, les prisonniers étaient remués, plusieurs disaient entre eux : « Il a tout de même raison, cet homme-là. »

« Que d'encouragements il m'a donnés ! écrit la digne supérieure des Sœurs attachées au service de la prison. Il me disait entre autres choses quelques jours avant sa mort :

— Nous aurons bientôt trente ans de prison tous deux, ma Sœur, vous au mois de mai, et moi en octobre. Voyez comme Dieu est bon, comme il nous aide ! Oh ! remercions-le bien de nous avoir donné l'intelligence du pauvre et du malheureux. »

On lui disait quelquefois : « Monsieur l'abbé, que vos gens sont difficiles ! » Il répondait : « S'ils avaient reçu des grâces comme nous, ils seraient bien mieux que nous et nous serions pires qu'eux. »

*
* *

Chaque année, un peu avant la fête de Saint-Pierre-aux-Liens, les Pères Chartreux de Bosserville, heureux de s'associer aux libéralités de l'aumônier, se plaisaient à lui envoyer une futaille de vin pour ses prisonniers.

Il advint qu'une fois la futaille n'arriva point. C'était la veille de Saint-Pierre. L'abbé connaissait trop bien ses *clients* pour se dissimuler qu'une fête de Saint-Pierre sans le fût traditionnel serait une fête manquée. Inquiet, il attend jusqu'à dix heures du soir ; puis il part à pied, tout seul, fait ainsi les deux lieues qui le séparent de Bosserville.

A minuit, il heurte à la porte du couvent, alors que les religieux sont à Matines.

On s'étonne, on va ouvrir et on reconnaît l'abbé :

— Comment, vous ici ? à votre âge, faire une si longue marche ?

— Les pauvres ne vont pas demander en voiture.

En un instant tout s'explique : il y avait eu oubli de la part du Frère cellier.

A l'aube du jour, la futaille entrait triomphalement dans la cour de la prison, et l'abbé regagnait la ville. Ceux-là seuls qui avaient connu ses anxiétés de la veille, purent savoir ce à quoi l'abbé Didelot avait passé la nuit.

Il tenait extrêmement à ce que ce vin de fête fût donné par les Chartreux : « Il faut, disait-il, que mes prisonniers sachent qu'il est des prisonniers de l'amour de DIEU qui se condamnent à une réclusion volontaire pour compenser, par une vie toute céleste, les blasphèmes et les crimes de la terre. »

« C'est le vin des Pères Chartreux, » disait-il avec un sourire ; et tous comprenaient.

Le jour de Saint-Pierre, l'abbé ajoutait, à ses frais, au repas des détenus un morceau de rôti et quelques douceurs. — Il demandait ses permissions au Directeur si humblement, que jamais on ne pouvait rien lui refuser. — Tous avaient du vin aux deux repas. Au nouvel an, il leur en envoyait encore.

Ces jours-là, il ne paraissait pas dans les quartiers par crainte des remerciements ; mais le soir il allait trouver la Sœur cuisinière :

— Eh bien, ma Sœur, tout s'est-il bien passé ?

— Monsieur l'abbé, on vous cherchait, on a bu à votre santé...

— Bien, bien, c'est un détail, un détail.

Il ne tolérait pas qu'on s'occupât de lui. Jamais il n'accepta d'autre déjeuner que le bol de lait qu'il prenait à la cantine des prisonniers.

Même souffrant, jamais une plainte, jamais rien de personnel.

Le dimanche qui précéda sa mort, il fut plus d'une demi-heure sans pouvoir quitter le fauteuil de la petite chambre où il avait, presque toute la journée, reçu les détenus.

Inquiet de ne pas le voir descendre, on monte à cette chambre où d'ordinaire personne n'entrait sauf ses prisonniers : il était comme plié en deux, la sueur lui coulait du front.

— Monsieur l'abbé, vous avez mal !

— C'est un détail, élevons-nous plus haut...

Il n'accepta aucun soulagement. Peu après, il descendit péniblement. Avait-il le pressentiment de sa mort prochaine ? Ce même jour il rassembla tous ses papiers et les brûla.

L'escalier de pierre qui conduit à la chambre où l'abbé Didelot recevait les détenus a gardé l'empreinte visible de ses pas : lui seul le gravissait plusieurs fois par jour. On est pris d'émotion en songeant à ce que chacun de ces pas raconterait de charité héroïque et de souffrance...

L'émotion redouble en pénétrant dans le pauvre réduit aux murs noircis, aux contrevents toujours clos. Pour tous meubles, un fauteuil usé, un prie-Dieu en bois ; au-dessus, un grand Christ.

Que de confidences douloureuses ou terribles entendues là ! Quelles journées consumées à verser sur cette misère la pitié et le pardon de Dieu ! On pouvait dire comme de Jésus et de

la pécheresse : « Ils sont deux, la misère et la
miséricorde (1) ! »

— La Chartreuse de Bosserville. —
(D'après une photographie.)

Un jour un condamné refusait obstinément le

1. *Relicti sunt duo, miseria et misericordia.* (S. Aug.)

ministère du prêtre. L'abbé Didelot lui dit avec douceur : « Mon ami, c'est vrai, je ne suis qu'un pauvre pécheur, mais je suis prêtre ; Dieu a voulu se servir de moi pour vous pardonner. » Il place cet homme dans le fauteuil et s'agenouille à côté de lui. Le malheureux était vaincu, il se confessa de tout son cœur. Lui-même racontait ce fait en versant des larmes.

* *

Combien, parmi les détenus, ont dû leur entière réhabilitation aux conseils et aux secours du généreux aumônier !

A sa mort, des souscriptions s'étaient spontanément ouvertes de toutes parts pour l'achat de couronnes. Un pauvre ouvrier apporte dans ce but une pièce de cinq francs. On lui fait remarquer que c'est trop. — « Ce n'est pas à beaucoup près, dit-il, ce que je dois à Mr Didelot. Il a fait de moi un honnête homme, et il a fait de mes enfants d'honnêtes gens. »

Cet homme, que la misère avait conduit à commettre un vol, l'aumônier l'avait relevé, encouragé et secouru au sortir de prison.

Quelques jours plus tard, tenant par la main sa petite fille en robe blanche de communiante, cet ouvrier redisait les mêmes paroles.

* *

Parfois la rencontre des « anciens amis » donnait lieu à de piquants incidents :

Un jour Mr Didelot traversait une rue que l'on était en train de paver. Une vingtaine d'ouvriers interrompirent leur travail pour le saluer, et lui de répondre gracieusement à chacun à mesure qu'il passait devant eux : « Bonjour, mon cher, bonjour. »

Quelques-uns avaient continué leur travail avec une certaine insistance. On lui en fit l'observation. Il se prit à sourire avec cette bonhomie malicieuse qu'il avait souvent, puis tout bas, riant de plus belle :

— Ce sont ceux, dit-il, que je connais le mieux.

— Eh bien alors ?

— Ils ne tiennent pas à avoir l'air de me connaître devant les autres... mais ce sont mes meilleurs amis.

L'interlocuteur comprit enfin : c'était l'aumônier des prisons qu'on évitait de saluer.

*
* *

Il y a des poètes à la prison ! Les vers suivants dépeignent, dans leur navrant réalisme, ce que fut le martyre du vénéré prêtre : son ministère auprès des condamnés.

CONTRASTE.

Au seuil de la prison, sur le noir pavé lisse,
Des hommes lentement dressent un échafaud ;
La foule au loin grossit : il pleut, dans le ciel glisse
L'ombre qui de la nuit se fait un noir manteau.

Un homme va subir l'horrible et dur supplice :
Et puisque ce maudit versa le sang, il faut,
Inexorable loi de l'humaine justice,
Qu'en bas la société le condamne au bourreau.

Doucement on l'éveille, il sait qu'il faut qu'il meure,
Et quand déjà la mort se dessine à son front,
Quand déjà le néant de son souffle l'effleure :

Insensible aux apprêts de cette funèbre heure,
Pâle, mais goguenard, cynique et fanfaron,
Le condamné sourit... c'est l'aumônier qui pleure (1).

Oui, l'aumônier pleurait. Mais, hâtons-nous de le dire, car il l'a toujours affirmé, aucun des malheureux qu'il conduisit à l'échafaud n'est mort fanfaron ni impénitent.

Dès qu'un coupable était frappé de l'inexorable arrêt, l'abbé le visitait tous les jours, redoublant de bonté, lui procurant des lectures fortifiantes, entre autres les « Annales de la Propagation de la Foi », qui lui apprenaient à bien mourir.

Il arrivait peu à peu à lui faire envisager la réparation comme nécessaire : « Faites votre devoir, » c'était son mot de réconfort ; sublime pensée qui transformait l'ignominie de la peine en l'accomplissement d'un suprême devoir.

La charité n'éteignait point en l'abbé Didelot le sentiment de la justice. Souvent il disait en joignant les mains : « Mon DIEU, mon DIEU, vous êtes juste !... C'est affreux... oh ! les malheureux ! »

—————

1. Extrait des *Sonnets d'un Prisonnier* dédiés à M. l'abbé Didelot.

Jamais du reste il n'accusait, ne citait aucun nom ; jamais on ne put mettre en défaut sa rigoureuse réserve.

Essayait-on de le « faire parler » :

— Je ne dis rien, je ne dis rien....., et du geste il éloignait l'indiscret.

Au-dessus de la justice humaine, le pardon de Dieu : il n'en fallait pas douter devant l'abbé Didelot.

Quelqu'un parlait de l'exécution de Dauga, ce misérable chargé de tant de meurtres. Et l'abbé de répondre avec énergie : « Il est au Ciel, il y est, j'en ai la certitude !.. On ne peut rien donner de plus que sa vie. »

Le saint prêtre ne disait point par quelles supplications, quelles austérités il arrachait au Ciel la grâce suprême pour ces malheureux : une discipline à gros nœuds, cachée dans son bureau, a donné la mesure de ces pénitences... Ceux pour qui il expiait pouvaient dire de ce prêtre de Jésus-Christ comme de son divin Maître : « Il a pris sur lui nos iniquités ! »

A l'approche d'une exécution, l'abbé redoublait de rigueur sur lui-même ; il jeûnait au pain et à l'eau, il priait sans cesse et ne semblait plus de ce monde.

Lorsqu'il rentrait péniblement chez lui, on l'entendit souvent répéter : « Seigneur, ayez pitié de nous... Mon Dieu, mon Dieu, pauvre humanité ! » et d'un accent si pénétré qu'il eût fallu être de marbre pour n'en être pas touché.

La nuit de l'exécution, qu'il passait à la prison, on l'entendait se promener de long en large, priant d'une voix entrecoupée : « Oh ! les malheureux !.. Mon DIEU, vous êtes bon, infiniment bon !.. *Miserere meî, Domine.* »

Oh ! cette miséricorde suprême, l'abbé y croyait ardemment. Que de fois il en cita les admirables textes :

« La main de DIEU n'est pas raccourcie à ce point qu'elle ne puisse sauver. » (Isaïe, LIX, 1.)

« Il ne veut pas la perte d'une âme ; mais au fond de sa pensée il se rétracte, afin que celui qui a été rejeté ne périsse pas entièrement. » (Reg. XIV, 14.)

« La miséricorde surpasse le jugement. » (Sap. VI, 7.)

« Votre miséricorde, Seigneur, est grande au-dessus du Ciel. » (Ps. CVII, 5.)

Mais avant le Ciel, il y aura la terrible expiation !..

L'heure est venue. L'aumônier entre après les magistrats dans la cellule du condamné. Il l'exhorte, il le communie, lui fait boire un cordial... puis l'accompagne et le soutient jusqu'au seuil de la prison, où se dresse l'échafaud.

Dernière et touchante délicatesse : pour cacher le plus possible au malheureux la vue du fatal appareil, l'abbé *se hausse devant lui...* Au dernier moment il l'embrasse, et lui fait baiser le crucifix.

Deux de ces Christs ont leurs bras d'ivoire arrachés, disloqués... On devine sous quelle étreinte ! Dure agonie que partageait le prêtre !..

A quelques jours du supplice de Dauga, il écrivait :

«... Vous savez les angoisses terribles par lesquelles j'ai passé à cause de mon pénible ministère... Je vous dirai que, contre mes habitudes, j'ai eu à la tête des douleurs si violentes qu'elles avaient en quelque sorte paralysé toutes mes facultés. On est bien peu de chose ici-bas...

» En toutes choses, dans le bien comme dans le mal, dans le mal comme dans le bien, adorons Dieu du plus profond de notre cœur. Tout passe ici-bas. N'ayons qu'un seul et unique désir, la volonté de Dieu. Oh ! ma chère enfant, qu'on est heureux quand on a pour guide cette volonté divine ! Une seule chose doit occuper notre âme, Dieu, toujours Dieu et rien que Dieu.

» Je vous remercie de toutes les prières que vous avez faites pour moi... »

* * *

Un général retraité à Versailles fit demander à son lit de mort M. Didelot, qu'il avait connu autrefois. Au même moment, un détenu se mourait à la prison de Nancy. Que faire ? Aller vers cette âme qui le réclame, ou rester près du prisonnier dont les minutes sont comptées... L'aumônier ne pouvait hésiter : une dépêche fut envoyée à Versailles avec ces mots : « Impossibilité, vifs regrets. »

« Le général, disait-il, trouvera autour de

lui un secours meilleur que le mien ; mais qui soutiendra le prisonnier ? qui est son ami ? Personne sinon le prêtre. »

***

Malade et avancé en âge, il n'eût cédé sa place à personne.

La veille d'une exécution, un prêtre vint généreusement lui proposer de le suppléer :

« Je vois encore, a-t-il raconté depuis, l'abbé Didelot se redresser et me dire avec force : — Jamais ! Un soldat doit être à son poste. »

Nous ne pouvons omettre ici le haut témoignage suivant :

« Nancy, le 21 janvier 1876.

» Monsieur l'Aumônier,

» En rendant compte à l'Administration supérieure des exécutions des nommés Chaussy et Greiveiss, condamnés à la peine capitale, je me suis fait un devoir de signaler à sa bienveillante attention vos efforts persévérants et efficaces pour faire pénétrer le repentir dans le cœur de ces malheureux, et les soins touchants dont vous les avez entourés jusqu'au moment suprême.

» Je viens de recevoir et je m'empresse de

vous transmettre ci-après, sous forme d'extraits, en ce qui vous concerne, monsieur l'Aumônier, les réponses de l'Autorité supérieure à mes rapports :

(Suit une note d'éloge du Ministre de l'Intérieur.)

» Je n'ajouterai qu'un mot, cher Monsieur l'Aumônier, aux témoignages qui précèdent : vos services sont de ceux que Dieu seul est capable de récompenser, et vous l'avez certainement déjà ressenti au fond de votre cœur d'apôtre.

» Je saisis avec bonheur cette circonstance, cher Monsieur l'Aumônier, pour vous offrir la nouvelle expression de mon respectueux et inaltérable dévouement.

» Le Directeur

» de la 11e Circonscription pénitentiaire,

» BAVELAER. »

La ville entière lui rendait pareil hommage.

A l'approche d'une exécution, il inspirait une respectueuse compassion ; les journaux multipliaient sur son compte les anecdotes, on citait ses paroles... bien qu'il n'eût rien dit ! Les pauvres, ses chers pauvres, se l'appropriaient, l'exaltaient :

— Si on n'aime pas l'abbé Didelot, nous l'aimerons nous seuls ! criait un jour un énergumène.

Après l'une de ces terribles secousses, l'abbé,

épuisé pourtant, avait refusé de monter en voiture. Une foule compacte le suit ; sur son passage les têtes se découvrent, les mains se tendent : « Saint homme ! » murmure-t-on de toutes parts.

Et lui n'entend même pas ; sa pensée est en haut, les louanges humaines n'ont plus prise sur lui : il a fait son devoir et c'est tout...

Au prix de quelles luttes pourtant ! Une fois la confidence lui en échappa.

C'était le matin qui suivit une exécution ; il vint s'asseoir chez un ami. Il était comme anéanti et ne voulut rien prendre. Et comme on lui disait qu'il n'aurait plus de longtemps pareille épreuve :

— Oh ! je demande à Dieu que ce soit la dernière ! s'écria-t-il avec un long regard au Ciel.

Il sera exaucé. Lui qui a souffert l'agonie autant de fois qu'il a vu se dresser l'échafaud, va trouver la mort la plus prompte, la plus imprévue, ce semble, mais, de fait, une mort providentiellement préparée. On le verra à n'en point douter.

Achevons auparavant de donner en quelques traits pieusement recueillis la physionomie plus intime du vénéré prêtre.

CHAPITRE SEPTIÈME.

~~~ Quelques Souvenirs. ~~~

HIVER comme été, l'abbé Didelot se levait à trois heures du matin ; et jamais, dans la rude saison, il n'eut de feu.

Il priait pendant une heure, puis mettait en ordre son petit ménage, sa pauvre couchette, cirait ses souliers.

On lui objectait : « Mais pourquoi ne pas laisser ce soin à votre domestique ? » Il répondait : « Un prêtre ne doit jamais oublier ce qu'il a appris au Séminaire. »

En aucun temps, du reste, il ne voulut de servante à demeure chez lui ; il n'admettait qu'une femme de journée. Encore n'avait-elle que l'unique domaine de la cuisine, et quelle cuisine !

— Monsieur l'abbé, il nous faut pourtant quelques ustensiles, nous n'avons qu'un pot-au-feu, une casserole et un vieux plat...

— Cela suffit, tout est bien, tout va bien.

Durant son dîner il quittait la table au moins cinq ou six fois pour aller ouvrir sa porte à sa clientèle pauvre ; il n'en chargeait pas sa servante.

— On ne vous laisse pas un moment tranquille, lui disait un visiteur. Il répondait :

— C'est Notre-Seigneur qui frappe, c'est bien

de l'honneur qu'il me fait ! Et il traitait de *mon cher ami* chacun de ces pauvres diables.

Son cordon de sonnette tout usé témoigne du nombre de ceux qui assiégèrent sa porte. Il donnait, donnait toujours : son argent, son linge, ses vêtements, tout y passait. Et à l'observation :

— Vous êtes trop bon, Monsieur l'abbé ! il n'avait qu'une réponse :

— Je ne serai jamais aussi bon que Dieu.

Il employa une pauvre ménagère dont la tête dérangée donnait de sérieuses craintes. L'abbé, par compassion, s'obstinait à la garder à son service. Pour être sûr que cette femme regagnait le soir son logis, il la suivait de loin, et n'était tranquille qu'après l'avoir vue rentrer.

Ce fait donna lieu à une méprise que l'approche d'une exécution capitale pouvait expliquer :

Un journal, racontant que M. l'abbé Didelot avait été vu plusieurs soirs de suite par les rues, tête nue et comme égaré, concluait :

« On se demande si la raison du digne aumônier résiste à la lourde épreuve qu'il endure ! »

Pauvre saint homme ! c'est lui qui passait pour fou... Oui, c'était le fou de la charité !

On dut enfin conduire cette malheureuse dans

un asile d'aliénés. Il fut longtemps sans la remplacer.

« Je le trouve un jour trempant une croûte de pain dans l'eau rougie, dit M. C..., ancien militaire qui venait souvent le voir.

— Oh ! Monsieur l'abbé, c'est tout votre dîner ?

— Je connais de pauvres filles qui vivent de pain et d'eau pour rester honnêtes...

— Mais vous ne pouvez être sans bonne... Et lui d'un ton pénétré :

— Est-ce que les Apôtres avaient des bonnes ? »

***

Sa chambre était la cellule d'un religieux : un lit de fer, une table, quatre chaises, des rayons de bibliothèque, quelques gravures pieuses.

Sur la cheminée, deux statuettes : la Vierge et saint Vincent de Paul. Collée au mur une gravure d'almanach : l'*Angelus* de Millet, une de ses prédilections ; il s'arrêtait devant et s'exclamait : « Que c'est beau ! que c'est beau ! »

Près de cette chambre une autre plus petite, son bureau, un amas de saintes vieilleries ! L'abbé n'y laissait entrer personne ; il y cachait ses instruments de pénitence. Là encore il avait réuni les préférences de sa piété : la Vierge de Sion ; saint Bruno devant une tête de mort ; encore et toujours saint Vincent de Paul ; les douze Apôtres en médaillon de plâtre ; une

image peinte, souvenir de sa première messe ;
enfin un petit cadre contenant des cheveux de sa
mère.

Contre la table un vieux prie-Dieu avec un
Christ sculpté et un Rosaire. Sur le bureau, les
deux petits crucifix mutilés qui servaient aux
condamnés.

Entre les pages jaunies de son bréviaire,
l'image d'un missionnaire élevant une croix
devant des sauvages, et, au verso, ces mots que
pouvait signer l'Apôtre des prisons :

« Pour celui qui aime DIEU véritablement, il
n'y a plus qu'un seul mot dans toutes les langues :
convertir.

» Convertir une âme, c'est une plus grande
chose que de ressusciter un mort.

» C'est au pied du crucifix que j'ai compris ce
que valait une âme !

» Des âmes, des âmes ! Oh ! s'il m'était donné
d'en sauver au moins une !...

» Je suis prêt à tout quitter, à tout donner, à
tout souffrir pour sauver une âme. »

***

Dans son bréviaire, l'abbé gardait fidèlement
aussi les dates anniversaires.

« Comme il savait consoler ! a dit une personne
qui l'avait vu au chevet des siens. A chaque

anniversaire de ma sœur et de mon père, il ne manquait pas d'entrer chez moi :

« Eh bien, il y a un an, deux ans que nous avons perdu notre bonne Adèle, notre bon père... Mais ils sont là, comme derrière un voile. Nous irons bientôt les revoir... j'ai offert la messe pour eux. »

***

« Je vins un jour le trouver, dit une pauvre ouvrière. Mon frère avait trois mois de prison, j'étais au désespoir. L'abbé m'écouta avec bonté :

— Pauvre enfant, priez, priez bien...

— Je suis trop malheureuse, je ne peux pas élever mon cœur à Dieu...

— *Levez les mains* au Ciel (et il élevait les siennes), Dieu est bon, Dieu est un bon père...

» Je fis comme il me disait, et chaque fois je reprenais courage. »

Une autre affligée venait souvent lui répéter l'histoire interminable de ses peines. Au bout d'une heure elle s'excusait : « Je vous dérange peut-être, Monsieur l'abbé ?

— Non, non, ma bonne, restez, restez, cela vous fait du bien. »

***

Il ne pouvait admettre le ton âpre, sévère, d'une certaine charité qui se dit éclairée. Il citait le mot de saint François de Sales : « Quand vous m'arracheriez un œil, je vous regarderais de l'autre avec bonté. »

Il aimait aussi cette maxime de saint Grégoire : « Le faux zèle a de l'indignation ; le vrai zèle a de la compassion. »

« La religion chrétienne, c'est la douceur, la compassion, » il en revenait toujours là.

***

Une personne employait une femme de journée qui vint à commettre une faute. Cette personne, le consultant à ce sujet, en reçut cette réponse : — Gardez-la, mon enfant, puisqu'elle se repent ; faites-lui du bien. Notre-Seigneur a bien laissé Madeleine l'approcher.

***

Un pauvre accostait l'abbé Didelot dans la rue, celui-ci cherche dans son porte-monnaie : « Je n'ai plus rien, » fit-il d'un geste de regret.

Passaient deux femmes d'allure moins qu'édifiante. Elles devinent le colloque. L'une d'elles tend spontanément sa bourse :

— Tenez, Monsieur l'abbé, prenez tout ce que vous voudrez.

L'abbé prend une pièce de cinquante centimes :

— Merci, Dieu vous le rende, dit-il doucement.

Qui sait ? un tel souhait aura peut-être valu
le salut à cette Madeleine !

***

Un jour il vint de la prison sans souliers : il
avait rencontré un jeune garçon allant nu-pieds.
Celui-ci lui demandant l'aumône, l'abbé l'emmène
dans un corridor et le chausse de ses propres
souliers. Un témoin vit le fait.

Une autre fois il fit de même aux portes de la
cathédrale.

***

Donner et se donner aux autres, c'était vraiment une passion chez M. Didelot :

« L'avez-vous vu dans les rues de la ville,
s'avançant à petits pas, s'arrêtant lorsqu'il rencontre un de ses anciens amis : — Eh bien,
comment ça va-t-il ? et il serre cette main autrefois enchaînée ; il donne un mot du cœur, un
encouragement au bien.

» Un peu plus loin, c'est un pauvre : — « Tenez, voilà pour un peu vous aider. » Si c'est un
enfant, il le conduit à la boulangerie la plus
proche, lui achète un petit pain, et avec un bon
sourire le regarde manger jusqu'à ce qu'il ait
fini.

» Quand il a marché trop longtemps sans être sollicité, il fait halte, regarde, semble trouver que les pauvres l'oublient... » (1)

Non, ils n'oubliaient pas celui que l'on appelait en toute vérité « l'Aumônier général du pauvre peuple ! »

Déjà, en 1866, Mgr Lavigerie, nommant M. Didelot chanoine honoraire, aux applaudissements de tout le clergé, l'avait surnommé *le Chanoine de la charité.*

** **

Ses aumônes, comme le grain de l'Évangile, ne tombaient pas toujours en bonne terre.

Lorsqu'on lui disait : — « Mais, M. l'abbé, comment pouvez-vous donner à tous ces gens-là ? Vous savez bien où ira votre argent :

— Hé ! mon cher, répondait-il, pensez donc, si je refusais, il pourrait m'arriver de priver un pauvre dans le besoin..., et quelle responsabilité devant DIEU !

« Imprudence, naïveté ! » dira-t-on.

« Malheur à qui n'a jamais été trompé en faisant l'aumône ! » répond un grand saint : parole profonde, foudroyant la prudence étroite qui, par

---

1. Extrait d'un remarquable article nécrologique de M. l'abbé Marton, ancien aumônier militaire. (*Semaine religieuse.*)

crainte d'un faux pas, s'écarterait de la voie du divin précepte.

« Le bien que vous ferez au moindre de ceux-ci, c'est à moi-même que vous l'aurez fait. » Le *moindre*, est-ce toujours le plus digne ? Au dernier jour Jésus-Christ ne le demandera point, il dira : « J'étais nu, et vous m'avez vêtu ; j'avais faim, et vous m'avez donné à manger. »

Ainsi le comprenait le saint prêtre, lors même qu'une juste méfiance pouvait retenir parfois l'élan de sa charité.

A l'angle d'une rue stationnait un misérable mendiant, sorte de gnome hideux, dont le visage reflétait tous les vices. On l'appelait le Nain jaune, ou encore *Quasimodo*.

Apercevant une fois l'abbé Didelot, il tend la main, sûr de n'être pas refusé. D'une fenêtre voisine, un observateur se demandait en souriant : « Que va faire l'abbé ? »

Ce dernier hésite..., puis, chose extraordinaire, il continue son chemin en baissant les yeux.

Mais notre Quasimodo n'abandonne point la partie : il tourne peu à peu sur lui-même, les yeux rivés sur l'abbé qui descend la rue. Celui-ci, après quelques pas, avait légèrement tourné la tête vers le mendiant, et porté instinctivement la main à sa poche. Quasimodo, tranquille, ne le quitte pas des yeux. Deux ou trois fois la scène se renouvelle. Enfin, dernier arrêt, nouveau regard en arrière..., puis, tout d'une traite, reprenant toute la rue en diagonale, l'abbé va porter

au nain son aumône, accompagnée d'un de ces :
« Tenez, mon cher..., bonjour, » dont il avait le
secret. La charité l'emportait sur la justice !

*
* *

Demeuré auxiliaire actif des conférences de
Saint-Vincent-de-Paul, et membre du Bureau de
bienfaisance depuis 1856, M. Didelot avait douze
à quinze familles, et plus, à visiter chaque
semaine.

Jamais il n'y manqua, malgré ses soixante-dix
ans, grimpant les étages, revenant s'il n'avait
pas trouvé, portant le bon de pain ou de chauf-
fage avec cette vraie cordialité qui en doublait le
prix.

L'amour de l'humble, du malheureux, c'était
l'âme de toute sa vie.

*
* *

Et sa famille, de quel cœur il l'aimait ! On le
trouva une fois en larmes sur son pauvre prie-
Dieu, derrière l'autel.

— Qu'avez-vous, Monsieur l'abbé ?

— Ma sœur a une congestion... Nous craignons
de la perdre, prions, prions ! et il poussait de
gros soupirs.

Comme on essayait un mot de consolation, il
dit avec force :

— Vous ne savez pas ce que ma sœur est pour
moi..., je perdrais *plus qu'une mère !*

Après ses laborieuses journées, il venait un instant le soir se délasser auprès des siens. Tous trouvaient en lui un conseil très sûr : il avait tou-

jours le mot juste, le mot de DIEU pour tout résoudre.

Aux repas, il était d'une sobriété extrême : « Les pauvres n'en ont pas tant, » disait-il. Lui offrait-on un fruit, un menu dessert, il acceptait aimablement et le glissait dans sa poche, pensant à tel ou tel de ses malades.

Une fois, et ce ne fut pas la seule, il s'en alla tout heureux, les deux poches de sa soutane pleines de belles poires. Jamais il ne demandait rien ; mais des amis charitables, sachant qu'il se privait même du nécessaire pour faire plus large part à « ses enfants » de la prison, emplissaient à l'occasion ce qu'ils appelaient en souriant « ses poches de mendiant ».

Si l'abbé Didelot, prodigue dans ses aumônes, semblait ignorer la valeur de l'argent, jamais, — il est bon de le dire, — il n'emprunta ni ne fit la moindre dette. Lorsqu'il avait donné jusqu'au dernier centime, il répondait doucement aux persistants solliciteurs : « Je n'ai plus rien, mon cher, revenez un autre jour. »

***

Peu avant les fêtes de juin 1892, une pétition monstre fut organisée à Nancy : des milliers de signataires demandaient pour M. Didelot la croix de la Légion d'honneur : « Pourquoi faire ? » disait-il naïvement ; puis, se reprenant :

« Oui, *pour le prêtre*, c'est bien. »

On ne saurait décrire le respect, l'affection universels qui l'entouraient ; cheminer avec lui

dans les rues de Nancy était vraiment émouvant :
les coups de chapeaux, les poignées de mains
venaient à sa rencontre ; on disait à demi-voix :
« Bonjour, saint homme ! » Et lui, allant à petits
pas, son vieux chapeau pris à deux mains,
répondait à tous avec un bon sourire ce « bonjour, bonjour, mon cher », qui venait si vraiment
du cœur qu'il n'était pas banal.

Une fois, il dut monter en tramway, contre
son habitude. La voiture était comble : tous se
lèvent, des bras vigoureux le soutiennent, c'est
à qui lui fera place.

Un autre jour, le bruit courut qu'il était enfin
décoré.

Sur le quai d'une gare proche de Nancy,
voyageurs et employés lui firent une ovation.

— Merci, merci, répondit-il un peu malicieu-
sement, sachant à quoi s'en tenir sur la prétendue
nouvelle. La liste des décorations avait paru, en
effet, mais son nom n'y figurait point.

— Qui est-ce qui est content ? lui demanda
un vieil ami.

— C'est moi. Qu'on me laisse ma messe
et mes prisonniers ; je ne demande rien autre
chose.

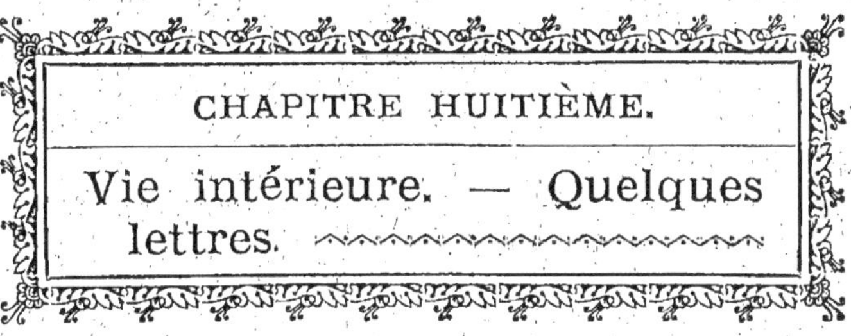

CHAPITRE HUITIÈME.

Vie intérieure. — Quelques lettres.

Sous une simplicité et une candeur qui attiraient à lui, M. Didelot cachait un discernement remarquable. Ses appréciations étaient toujours très élevées, toujours justes et modérées : *«In medio virtus,* » c'était un de ses mots. Jamais, on ne lui entendit formuler un jugement précipité, bien qu'il sût, lorsqu'il s'agissait du droit et de la vérité, se montrer d'une fermeté inflexible.

— « C'est un cœur droit, » disait, en parlant de lui Mgr Darboy, qui avait la mesure des hommes et des choses. Et, sous l'impulsion de ce cœur, que de hautes et larges vues, que d'esprit pratique et de savoir-faire sans la moindre prétention de paraître !

***

Il ne cherchait qu'à s'effacer :

Lorsque, pour la dernière fois, il se joignit au clergé de la ville allant offrir à son évêque les vœux de bonne année, il dit à un vieux condisciple du Séminaire :

« Montons les premiers, savez-vous pourquoi ? *pour nous mettre les derniers.* » Toujours, en effet, il se glissait dans un coin, près de la porte, au dernier rang de ses confrères.

Son humilité se manifestait en toutes rencon-

tres : un jour, quelqu'un lui adressa des paroles
vives et désagréables. Il n'en parut point surpris ;
il se recueillit ; toute son attitude, quoique empreinte d'une grande dignité, semblait dire :
« Seigneur, je ne mérite que le mépris, je vous

MONSEIGNEUR DARBOY.
(D'après une photographie.)

remercie, je vous rends grâces... » et pas un mot
désobligeant ne sortit de ses lèvres.

* *

Un jour, une marchande de journaux l'arrête
tout indignée :

— Monsieur l'abbé, figurez-vous qu'ils ont
écrit quelque chose contre vous !

— Ah ! pas possible, ma bonne ! donnez-moi
cela, fit-il d'un ton joyeux.

Une heure après, un ami le trouve en proie à
une gaîté extraordinaire :

— Savez-vous, lui dit-il, ce qu'ils ont écrit
contre moi ? Ils ont écrit que j'avais une figure
plutôt bonne qu'intelligente... Ce n'est que cela !
ajoutait-il avec une finesse qui réfutait d'elle-
même l'assertion.

Comme règle de vie dans l'épreuve, — et il
eut les siennes qu'il savait taire, — il répétait
volontiers ces mots : « *Pati, tacere, expectare*,
souffrir, se taire et attendre. » Et il le faisait,
non en stoïcien, mais en disciple du Maître divin
qu'il avait toujours devant les yeux.

Dès qu'il avait un moment, on le trouvait assis
dans un coin de sa chambre, lisant l'Évangile.

« Dans l'Évangile, je trouve tout, » affirmait-il.

Et de fait, il le citait sans cesse, c'était la
règle de toutes ses pensées :

« On récolte ce qu'on a semé, disait-il,

» Un bon arbre porte de bons fruits. »

Lui qui jamais ne s'irrita contre personne
s'indignait, à l'exemple de Notre-Seigneur, contre les Pharisiens de notre temps. Il répétait ces
mots terribles : « Malheur à vous, Pharisiens ! »

Il n'a jamais nommé personne ; mais on peut penser que certaines injustices, certaines turpitudes, à lui bien connues, provoquaient ces exceptionnelles sorties. Encore cessèrent-elles les dernières années : il voyait sans doute plus loin et plus haut, répétant sans cesse : « Pauvre humanité ! »

A la fin de sa vie, il citait continuellement ce texte : « Apprenez de moi que je suis doux et humble de cœur. » Son âme avait fini par se fondre tout entière dans l'humble douceur du Maître de l'Évangile.

Un trait de ce caractère évangélique : Dans les discussions, parfois animées, auxquelles il était obligé de prendre part, on l'entendait sans cesse répéter avec calme : « Voici ce qui est, » suivant le mot de l'Évangile : « Dites simplement : Cela est, cela n'est pas, *est, est, non, non.* »

*
* *

Il vivait de Jésus-Christ, le contemplait, le priait dans une familiarité qui n'est que chez les saints.

« Souvent il lui arrivait, disent les siens, de s'absorber tout à coup dans une muette prière. Alors, ses yeux ne quittaient pas un certain coin du plafond que nous appelions « le ciel de mon oncle. » Son corps seul était près de nous ; son esprit, son cœur conversaient avec Dieu.

« Je l'ai vu en prière après sa Messe des apprentis, dit un autre témoin : c'était absolument l'attitude d'extase que l'on admire dans la statue de marbre du saint curé d'Ars. »

Un jour, il vint de très bonne heure au couvent Saint-Dominique. La cérémonie à laquelle il était invité n'avait lieu qu'à dix heures. Il resta, de sept heures du matin à midi, à genoux devant le Saint-Sacrement exposé à la chapelle.

A deux reprises différentes, on voulut l'emmener. Il répondit, en regardant l'Hostie : « Je suis bien, très bien. » La seconde fois, il avait cédé docilement ; mais quand on le laissa libre, il retourna prier. « Sa simplicité, sa douceur, son profond recueillement me sont toujours présents, » ajoute celui qui nous a cité ce fait.

Quelqu'un lui disait un jour :

— Monsieur l'abbé, vous êtes un grand philanthrope.

— Qu'est-ce que je ferais sans la grâce de Dieu ? répliqua-t-il vivement.

Ainsi, pour être l'homme de la charité, il fut d'abord et par-dessus tout l'homme de Dieu.

Quelques fragments de ses lettres (1) — qui

---

1. Nous exprimons ici notre reconnaissance à ceux qui ont bien voulu nous communiquer ces précieuses lettres.

furent rares — donneront le reflet de cette vie intérieure intense.

9 novembre 1878. — Je vous remercie beaucoup de la bonne et excellente lettre que vous m'avez adressée. Je bénis DIEU de tout mon cœur des grâces spéciales que dans sa bonté toute gratuite il a bien voulu verser sur vous. « *Optimam partem elegit, et non auferetur ab ea,* » est-il dit dans l'Évangile. Combien nous devons bénir DIEU et le remercier de ce qu'il a bien voulu nous appeler, tout indignes que nous en sommes, à le servir !

Je sens combien vous avez besoin du secours de DIEU pour arriver à cette sublimité qui se présente devant vous. Il faut tout attendre de lui. C'est lui qui nous appelle ; par conséquent il sera toujours là pour nous soutenir et nous encourager.

Nous appuyer toujours sur DIEU, voilà la devise de toute notre vie. Ne comptons jamais sur nous, mon cher ami, si nous ne voulons pas être trompés.

Je demande à DIEU que vous marchiez toujours de vertu en vertu : beaucoup d'humilité mêlée à beaucoup de douceur ; c'est ainsi que Notre-Seigneur a été agréable à son Père et a sauvé les âmes.

. . . .

« *Infirma mundi elegit, et ea quæ non sunt.* »

Soyons fidèles à la grâce. Demandez-le bien

pour moi. Priez bien Dieu pour moi. Il n'y a rien au-dessus de la prière. Les choses les plus merveilleuses sont souvent le résultat d'une pauvre femme qui prie . . . .

...Enfin, mon cher, que Dieu vous conserve, qu'Il vous garde, qu'Il veille constamment sur vous. Voilà la prière que je lui adresse du fond du cœur pour que vous soyez heureux en ce monde d'abord, et surtout heureux dans l'éternité.

D...

13 janvier 1886. — Comme les choses vont vite ! et en fin de compte tout va se précipiter pour ne plus reparaître. Je parle de moi puisque je suis sur le déclin de la vie, et un jour ou l'autre il ne sera plus question de moi. Vous, mon cher, vous entrez dans la vie de ce monde; vous avez entre 28 et 29 ans, je crois . . . . .

Bénissons Dieu, remercions-le de l'insigne bienfait qu'il nous a fait en nous appelant à lui d'une manière toute particulière. Faisons connaître à tout le monde combien il est bon.

Se sanctifier et travailler à la sanctification de nos frères, voilà, mon cher, la seule chose qui doit nous occuper. Mettons-nous en garde contre ce qui est de ce monde. Ce qui distingue surtout vos Pères dans la foi, c'est leur anéantissement complet. Point de bénédiction de Dieu sans cela. Sachons le reconnaître et nous aurons la bénédiction de Dieu sur tous nos travaux.

Pensez à moi devant Dieu pour le remercier

de tous les dons et de toutes les grâces qu'il a bien voulu m'accorder par charité. Je vous suivrai toujours en esprit pour que vous soyez toujours l'homme de DIEU sous la protection de la Sainte Vierge.

J. D.

Janvier 1888. — ... « Seigneur, disait saint Vincent de Paul, envoyez-nous des saints. » Il n'y a que le saints qui fassent des saints. C'est la sainteté qui doit être notre unique but, soit pour nous-mêmes, soit pour ceux qui nous sont confiés.

Pour arriver à cette sainteté si désirée, soyons avant tout des âmes de prière. DIEU, en un instant, en fait plus en nous que toutes les paroles émanant des hommes. Recourons donc à lui, surtout en présence du Très-Saint-Sacrement.

Voilà, je crois, la seule et unique voie pour arriver à cet état de sainteté : la prière.

Demandez bien pour moi que je profite de ce que je viens de vous dire. Otez DIEU, il n'y a plus rien, rien, rien.

Voyez combien DIEU est bon en maintenant dans notre famille l'esprit chrétien ; et il faut espérer, avec l'aide de DIEU, qu'il persévérera ; ce sera un véritable bonheur ! . . . .

. . . .

4 août 1891. — Continuez, ma chère

enfant (1), la belle œuvre que vous avez entreprise. L'une des plus belles missions que nous puissions avoir ici-bas, c'est de former des jeunes filles chrétiennes ; plus tard, devenues femmes, elles seront les colonnes de la religion dans la famille, et ce bien, allant toujours en se communiquant, subsistera de génération en génération. Le bien que l'on peut faire ainsi est incalculable ; le bonheur de la famille, le bonheur de la société en est le résultat.

Pour y arriver, il faut tous les jours prendre nos inspirations au pied des autels, demander à Notre-Seigneur son esprit et son cœur, afin que notre œuvre produise de bons fruits.

Oui, occupons-nous de nos semblables, travaillons à relever notre société si malade. On est si heureux quand on fait le bien ! c'est le bonheur de la vie.

Que Dieu daigne répandre ses plus abondantes bénédictions sur vous comme enfant du bon saint Dominique. Il était si animé, lui, de l'amour de Dieu, de dévouement pour le prochain, il avait une si grande dévotion à la Bienheureuse Vierge Marie, un amour si grand pour l'Eglise, à laquelle il a consacré sa vie ! . . .

. . . .

Adieu, ma chère enfant, je prie pour vous et me recommande à vos prières.

Bon courage, confiance en Dieu.

J. D.

---

1. A une religieuse, sa parente.

15 janvier 1885. — Comme les années se succèdent, comme tout s'en va dans le gouffre ! Cela nous rappelle que nous devons nous attacher à ce qui ne passe pas. Elevons donc nos esprits, nos cœurs vers les choses durables. Heureux ceux qui ont le bonheur de sentir les choses célestes, les choses divines ! Insensés ceux qui renferment leur pensées dans ce bas monde!.. Mais vous me direz sans doute : Comment ne pas s'occuper des choses d'ici-bas ? Je vous répondrai que, tout en leur accordant ce qu'elles méritent, elles n'en valent pas la peine. Dieu avant tout, par-dessus tout. Je serais dans une fausse voie si je tenais un autre langage ; je serais semblable à ces aveugles qui conduisent d'autres aveugles, dit Notre-Seigneur Jésus-Christ : ils finissent par tomber et les uns et les autres dans le précipice.

. . . .

Mettons tout entre les mains de Dieu, il gouverne, il dirige tout selon les vues de sa Providence ; adorons uniquement cette Providence divine qui veille constamment sur nous. Oui, adorons-la en toutes choses.

Le 24 janvier 1893, il écrivait sur le même sujet : ... « Tout passe en ce bas monde, les années se succèdent, disparaissent, et tout va se perdre dans l'abîme de l'éternité. Plus on avance dans la vie, plus on en voit la réalité. Au milieu de tout ce fatras des choses humaines qui nous enserrent comme dans un filet, le chrétien grandit en fixant son regard vers le Ciel, sa demeure future ; il sait que là il n'y a plus de changement, puisque tout repose en Dieu, qui ne change jamais. Voilà notre terme, Dieu, l'infini, le repos.

Je prierai pour vous au Saint-Sacrifice de la Messe, ou plutôt ce ne sera plus moi qui prierai pour vous, ce sera Notre-Seigneur. Dites-lui bien alors du fond du cœur : Mon Dieu et mon tout, vous êtes ma force, mon soutien, sauvez mon âme, prenez-la, cette âme, qu'elle soit vôtre ! ô Dieu ! vous êtes mon partage pour l'éternité.

Et vous croyez que Dieu ne vous exaucera pas ! Est-ce qu'il n'est pas Père ? Jetons-nous dans ses bras, un seul regard de sa bonté nous changera, nous transformera : Dieu ne manque jamais.

Voyez tout en Dieu, mettez tout ce que vous faites sous l'égide de Dieu, il bénira votre travail. Je vous souhaite de marcher à pas de géant dans la voie de la sainteté ; vous le voyez, je suis insatiable.

Aimons les âmes, aimons Notre-Seigneur Jésus-Christ, dont le nom seul enflammait le R. P. Lacordaire.

Vous vous recommandez à moi pour devenir une âme de prière ; mais vous, demandez-le aussi pour moi. Oh ! oui, soyons des âmes de prière.

Mes sentiments les plus affectueux en Notre-Seigneur.

Loué, adoré, aimé soit à jamais Notre-Seigneur Jésus-Christ !

O mon Dieu, à vous seul honneur et gloire, à vous seul ! »

J. D.

Noël 1893. — ... O anniversaire heureux qui a fait le bonheur de la terre et nous a ouvert le Ciel ! Remercions Dieu de s'être ainsi donné à nous, remercions-le surtout de ce qu'il nous fait goûter le bonheur de lui appartenir. C'est déjà un avant-goût du Ciel ; là-haut nous aurons le bonheur d'être tout-à-fait à lui, de vivre de sa vie qui est la vie des élus. Ce bonheur est le seul vrai, l'unique, il nous est réservé... N'ayons d'autre aspiration, d'autre désir que d'arriver à ce bonheur pour lequel Dieu nous a faits.

Que Dieu nous fasse la grâce de comprendre ce mystère, demandons-la-lui du plus profond de notre cœur. Ah ! qu'on est heureux de posséder Dieu ! Sur la terre on possède déjà le Ciel.

Je prie pour vous et me recommande à vos prières.

J. D.

31 janvier 1894 (dernière lettre). — Je suis content du cadeau que vous m'avez fait en me donnant le portrait de saint Joseph mon patron. J'ai lu au bas de cette image trois mots de saint Dominique : « Celui qui se possède lui-même est maître du monde. » Ces paroles sublimes renferment une des plus grandes vérités de la religion chrétienne... « Se posséder soi-même, » c'est tout, c'est la base de tout l'édifice moral. C'est une des plus grandes bénédictions que l'on puisse avoir sur la terre que cette possession de soi-même. Heureux ceux qui l'ont reçue! ils sont au-dessus d'eux-mêmes, supérieurs à tout. C'est le bienfait de la grâce de Dieu ; elle nous élève, nous transforme, fait de nous des êtres nouveaux. Conservons précieusement ce don précieux. En le possédant, on est toujours fort ; tout ce qui est de ce monde peut être anéanti : avec la grâce de Dieu, on est toujours au-dessus des événements.

Encore une fois, je vous remercie beaucoup de l'image que vous m'avez envoyée. Je lis souvent la parole de saint Dominique qui est au bas.

Je suis heureux de pouvoir vous donner de bonnes nouvelles de votre mère, de toute la famille. Voyez comme le bon Dieu est bon de nous laisser encore quelque temps votre bonne mère! Combien nous devons l'en remercier! Que Dieu nous la conserve encore longtemps pour faire le bien.

Soutenons-nous mutuellement par la prière, elle seule fera descendre du Ciel les grâces dont nous avons besoin.

Dieu soit béni et loué.

J. D.

De chacune de ces lettres déborde la prière, l'action de grâces, la foi simple et forte, en un mot la sève de Jésus-Christ qui est la charité.

Pour communiquer aux autres cette vie spirituelle, il faut en être rempli soi-même. Le vénéré prêtre ne la demandait point à la science humaine: la prière, le crucifix, la crèche, l'instruisaient mieux que les livres. C'est l'expérience de tous les saints : « La science que l'on apprend au pied du crucifix est bien plus solide et mieux en rapport avec nous-mêmes que celle qui s'obtient par l'étude. »

Et ici, nous ne pouvons omettre de rappeler comment M. Didelot, puisant pour lui-même à cette source divine, comprit, et souvent exprima énergiquement ce que doit être le prêtre de Jésus-Christ. Ceux des jeunes prêtres qui, en grand nombre, se confièrent à sa direction, n'ont pas oublié les maximes tout évangéliques qu'il avait sur ce point :

« Le monde, les honneurs, la vie commode, ne sont pas pour le prêtre.

» Un vrai prêtre suit Jésus-Christ dans la pauvreté et l'humilité.

» On instruit les âmes par la parole, mais on les touche par l'exemple, et on les sauve par la souffrance. Saint Dominique se fit pauvre et prêchait les pieds nus.

» La douceur, l'humilité : voilà ce qui gagne les âmes. »

Il rappelait souvent en substance les textes de l'Apôtre :

« Ne donnons lieu à personne de censurer notre ministère... Marchons d'une manière digne de Dieu. » Et il ajoutait :

« Le prêtre pourra être calomnié comme l'a été Jésus-Christ ; mais il doit, par la pureté de sa vie, pouvoir dire comme son Maître : « *Quis arguet me de peccato ?* Qui de vous me convaincra de péché ? »

** **

Homme de prière avant tout, M. Didelot, nous l'avons dit, gardait néanmoins de ses premières études du Séminaire le goût et le respect de la science sacrée. Aimant Dieu, il aimait la théologie, qui lui parlait de Dieu. Il assistait très régulièrement aux conférences ecclésiastiques, et y suivait avec un intérêt soutenu les questions proposées.

Le même esprit le portait à écouter avec suite les prédications de carême à la cathédrale, sa paroisse. Jamais on ne le vit au chœur, mais debout, derrière un pilier, écoutant d'un air pénétré, trouvant toujours quelque chose à retenir et dont il pouvait profiter. Jamais un mot de critique, bien qu'il sût apprécier, d'un sens très fin et surtout très chrétien, les mérites différents des prédicateurs. Il semblait les juger d'après un type qui lui était resté empreint dans l'âme :

c'était sans doute le Père Lacordaire qu'il avait
entendu dans cette même chaire, près de cinquante ans auparavant, et dont il répétait certaines paroles plus enflammées d'amour de Dieu
avec une admiration qui ne se lassait jamais.

**

De cette vie intérieure, de cet ardent amour
de Dieu résultait, chez le saint prêtre, non seulement la charité qui donne et se dépense, mais
encore, à l'égard de tous, la bienveillance, la
bénignité, « fines fleurs de la bonté, a dit saint
François de Sales, vertus de peu d'apparat mais
excellentes, qui croissent et s'épanouissent au
pied de la croix. »

Il ne souffrait pas qu'en sa présence on parlât
mal du prochain, encore moins qu'on en blessât
la réputation. A mesure qu'il avançait, il se
faisait plus compatissant, plus ingénieux à voiler
les torts, à ne voir que le bien : « Il n'y a pas de
méchant qu'on ne puisse rendre bon à quelque
chose ; » c'était sa conviction. Il aurait défendu
le diable en personne s'il n'avait pas un peu
craint le bon Dieu !

Peu de jours avant sa mort, l'abbé s'arrêta un
moment à l'infirmerie de la prison. Il était tout
affaissé. Pour le stimuler un peu, l'une des Sœurs
présentes porta un jugement sur un fait bien
connu :

— Taisez-vous, ne jugez pas, ma Sœur... la charité ! Dieu seul est juge...

Une demi-heure plus tard, passant près de l'infirmerie, il rouvrit la porte pour répéter avec force :

— La charité, ma chère Sœur, la charité !

« Ce fut la dernière parole que j'entendis de lui, dit cette Sœur, je la regarde comme un testament ! »

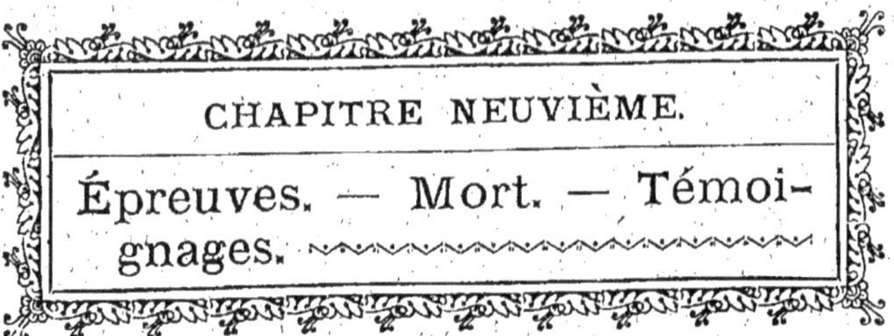

Ce qui frappait en l'abbé Didelot, c'était son inaltérable sérénité d'âme et de visage : souffrant depuis longtemps, menacé de la cataracte, harcelé par un ingrat ministère, il disait, peu de temps avant sa mort :

— Que je suis heureux ! trouvez-moi un homme plus heureux que moi, vous n'en trouverez pas... Et comme on souriait : Je vous en défie, ajoutait-il.

Il avait semé dans un rude sillon : entrevoyait-il la moisson éternelle ?

— Je ne demande qu'une chose au bon Dieu, avait-il dit, c'est de mourir en pleine activité.

Parfois sa famille le plaisantait doucement :

— Quand vous serez malade, on vous soignera bien...

Et lui, avec un geste d'effroi :

— Quelle horreur ! que le bon Dieu m'en préserve !

Il ne pouvait supporter qu'on s'occupât de lui.

Un matin, la femme qu'il employait, entrant dans son humble domicile, aperçut des traces de sang sur l'escalier, dans la chambre, et jusque dans le lit de son maître :

— Un de ses clients l'aurait-il assassiné ?
Puis, réfléchissant : Il aura eu un accident et
sera quand même allé dire sa Messe...

En effet, pris, dans la nuit, d'une hémorragie
nasale, l'abbé Didelot s'était traîné tout affaibli
jusqu'à la prison. Il voulut monter à l'autel, mais
ne put achever le Saint-Sacrifice. L'hémorragie
continuait.

Le docteur, appelé aussitôt, juge le cas assez
grave. D'autorité, il ramène l'abbé en voiture, le
fait coucher et lui tamponne le nez avec une
vigueur qui eût arraché des cris à tout autre.

Le patient ne fait entendre aucune plainte, il
accepte tous les soins avec sa douceur accoutu-
mée, se montre constamment aimable, reconnaissant, toujours uni à DIEU.

Il disait ensuite en parlant du médecin :

— Heureusement qu'il m'a traité avec énergie.

— Nous l'avons échappé belle, monsieur
l'abbé ! observa ce dernier en le quittant.

De son doigt l'abbé montra le ciel, avec un
regard qui disait tout.

Le lendemain, on le trouve habillé de très
bonne heure :

— Comment, déjà levé !

— Les pauvres ont de la résistance, se bor-
ne-t-il à répondre.

*
**

Une épreuve plus sensible fut l'affaiblissement

graduel de sa vue : la cataracte couvrait un de ses yeux et menaçait l'autre.

Un soir, il approche sa lampe, ouvre son bréviaire... Au bout d'un instant, il le referme, disant : « Je ne peux plus. »

Allait-il être aveugle ? On le craignit autour de lui. Nul ne pouvait songer que c'était la mort qui prendrait les devants, et qu'un moment devait lui suffire !

***

Le 18 avril 1894, M. Didelot faisait rentrer un fût de vin dans sa cave. Il éclairait l'homme chargé de cette besogne et le précédait dans l'escalier.

Tout à coup cet ouvrier, par un faux mouvement, laisse échapper le tonneau qui roule du haut en bas. L'abbé, entraîné et soulevé par lourde masse, retombe, la tête en arrière, sur l'angle aigu d'une marche de pierre.

« Mon Dieu ! mon Dieu ! » ce fut son seul et dernier cri...

Transporté chez lui par un voisin dévoué qui lui donne les meilleurs soins, il expire sans avoir repris connaissance. Un médecin, appelé sur-le-champ, ne put que constater la mort, produite par une blessure profonde à la nuque.

Saisissante coïncidence, l'abbé Didelot est frappé à la première vertèbre (1), à l'endroit

---

1. Le brisement de cette vertèbre paralyse toute sensibilité.

précis où tombe le couteau de la guillotine : il meurt comme ceux pour lesquels il offrit tant de fois sa vie ! Du moins, il n'a pas connu l'angoisse, et DIEU l'a exaucé : « Il est mort en pleine activité. »

* *

De toutes parts, les témoignages de douleur et de vénération éclatent. On s'aborde par ces mots : « Le Saint est mort. » Une foule compacte envahit le pauvre domicile ; on se presse autour de la couche funèbre, on veut revoir les traits du bon prêtre. De pauvres femmes lui font toucher des objets pieux, approchent de sa main la tête de leurs petits enfants comme pour une dernière bénédiction ; des ouvriers baisent cette main qui leur fut si généreuse. D'anciens soldats sanglotent et rappellent les traits de bonté du « Père, » comme ils disent. Durant trois jours, mêmes touchants témoignages. Chacun veut garder un dernier souvenir de celui qui a fait du bien à tous.

De splendides couronnes sont apportées : plusieurs anonymes, d'autres avec les inscriptions suivantes :

« A leur regretté et vénéré concitoyen, un groupe de Nancéiens ;

» L'administration préfectorale ;

» La Commission des Apprentis de la ville ;

» A son regretté aumônier, la société de Saint-Crépin ;

» Un soldat du 63ᵉ reconnaissant ;

» Les ouvriers et ouvrières de la Manufacture des Tabacs. »

— C'est là votre couronne ? elle est bien belle, fait observer quelqu'un en s'adressant à une ouvrière de la Manufacture.

— Oh ! répond-elle avec élan, nous avons tant recommandé au contre-maître de choisir la plus belle !

Une couronne porte ces seuls mots : « A notre aumônier. » C'est celle que les prisonniers ont offerte du prix de leur travail.

Ainsi s'accomplit pour le vénéré prêtre la parole des saints Livres : ses œuvres le suivent.

Et lui, il garde dans la mort l'expression de candeur, de douce sérénité que tous ont connue. Un ouvrier disait à sa manière naïve :

— Il était si beau qu'on n'a jamais vu un homme de son âge si beau étant mort.

Un vieil ami et contemporain écrivait :

« Je ne puis me faire à l'idée de sa disparition. Je ne m'en console que dans la certitude de sa protection au Ciel où sa sainte âme a dû s'envoler, comblée d'innocence et de mérites. Comme elle a dû sourire, en arrivant là-haut, aux grands bienfaiteurs de l'humanité, elle qui n'a jamais eu que des regards miséricordieux pour toutes les infortunes ! »

Citons encore le témoignage de l'un des membres les plus distingués du barreau :

« Depuis mon enfance, je respectais cet homme de bien à qui aucune charité n'a été étrangère, cette bonté inépuisable qui ne s'est rebutée devant aucune des plus repoussantes misères morales de l'humanité.

» Je puis dire que dans mes vingt ans de barreau, je n'ai pas été une fois à la prison sans y rencontrer cet excellent homme y accomplissant, avec sa modestie et sa simplicité, le ministère difficile auquel il s'était voué, et dans lequel sa foi lui faisait trouver des satisfactions dont il me parlait toujours.

» J'estime, pour ma part, que les exemples donnés par une vie aussi noble sont les plus puissants éléments de morale publique qui se puissent imaginer, et je me félicite de voir la population de Nancy, sans exception, émue et accablée de l'événement tragique qui lui enlève ce concitoyen modeste qu'elle entourait d'une juste vénération. »

**

Les journaux, avec une touchante unanimité, s'empressèrent, dans de longs articles, de fixer la mémoire du digne prêtre et de relater les détails de ses obsèques. Depuis celles du général Drouot, « le Sage de la Grande Armée, » Nancy n'avait rien vu de pareil.

Plus de vingt mille personnes, massées dans

le long parcours qui va de l'église cathédrale au cimetière ; des représentants de l'armée, de la magistrature, des administrations, des instituts religieux, du clergé ; toutes les classes sociales, en un mot, rendaient un éloquent et splendide hommage à celui qui, de son vivant, n'avait rien cherché des honneurs humains.

Partout sur le passage du cortège, même affluence aux fenêtres, aux balcons, et jusque sur les toits où des intrépides avaient pris place.

Les cloches sonnaient à toutes volées : pour le prêtre, comme pour l'enfant, point de glas funèbre. L'Église chante sur leur cercueil un psaume de triomphe : « *Elevamini portæ æternales*, ouvrez-vous, portes éternelles. » Ne sont-ils point tous deux de la milice céleste ? l'enfant appartient aux anges ; le prêtre, à la troupe glorieuse des apôtres...

Lorsque passa le char funèbre, une jeune mère, tenant par la main ses deux enfants, se trouvait dans la foule. Le nom de l'abbé Didelot fut prononcé :

— Mère, c'est le *Saint* qui est mort, dirent les enfants, et leurs grands yeux candides se remplirent de larmes.

Plus loin, un épisode d'un autre genre.

Près du pont de la gare, une voyageuse s'approche d'un groupe d'ouvriers :

— A qui rend-on ces honneurs ?

— Comment, vous ne savez pas !.. Madame

veut se moquer de nous... Qu'est-ce qui ne connaît pas l'abbé Didelot ?..

— Le bienfaiteur de Nancy !..

Un ancien soldat médaillé de Crimée disait en s'essuyant les yeux : « Que diable ! j'étais au régiment du temps du Père Didelot. Ah ! le brave homme ! si j'ai marché droit, c'est affaire à lui... »

Qui pourra dire les mille impressions, les élans de la foule en présence de ce cercueil ? Grâce à Dieu, la flamme des purs et beaux enthousiasmes n'est pas éteinte dans le cœur français !

***

Sur la tombe, après les prières liturgiques, deux discours furent prononcés : l'un par le Président d'une section du Bureau de bienfaisance, l'autre par le Directeur de la prison.

Citons-en les passages suivants :

« Par sa vie pure, par son caractère bienveillant à tous, M. l'abbé Didelot, qui était notre aumônier depuis trente ans, méritait le suprême adieu de cette grande assemblée, et son nom, son souvenir resteront inséparables de l'œuvre des apprentis.

» Nous nous sommes tous réjouis en apprenant qu'une médaille d'argent, accordée par la Société de protection des apprentis et des employés dans les manufactures, venait récompenser

NANCY. — LA CATHÉDRALE.
(D'après une photographie.)

les travaux et les mérites de ce nouveau Vincent

de Paul, à qui Dieu réserve sans doute de bien autres distinctions.

» Nos collaborateurs dans l'œuvre de sauvetage de l'infortune ne quitteront pas cette tombe sans dire : « Reposez en paix, cher et saint homme, » et, selon les Ecritures : « La mémoire du juste est impérissable. »

Le Directeur de la prison prononça ensuite avec émotion les paroles suivantes :

« Je viens, au nom de tout le personnel de la prison de Nancy, adresser un dernier adieu à M. l'abbé Didelot qui, pendant trente ans, à rempli les fonctions d'aumônier de l'établissement.

» Une voix plus autorisée que la mienne vient de vous dire quelle fut sa charité inépuisable vis-à-vis des pauvres de la ville, et comment cet homme de bien mérite le titre de « Saint Vincent de Paul de Nancy. »

» Pendant les longues années que M. l'abbé Didelot a passées au milieu des détenus, il a toujours su, par son tact et par l'aménité de son caractère, gagner leur confiance. Non seulement au cours de ses fréquentes visites, il leur prodiguait les meilleurs conseils dans le but de les ramener au bien ; mais encore il sacrifiait, sans compter, une grande partie de son traitement pour venir en aide à ceux qui, en raison de leur âge ou de leurs infirmités, supportaient plus difficilement le régime de la prison.

» M. l'abbé Didelot disait, en parlant des

détenus : « Ce sont mes enfants ; » cette expression était exacte, car il les considérait réellement comme tels, et l'affection qu'il leur témoignait était bien une affection paternelle.

» Il était d'ailleurs, je suis heureux de le dire, payé de retour, et j'en ai eu la preuve indéniable, lorsqu'ils ont appris sa fin malheureuse. Ils m'ont en effet, spontanément, demandé de lui offrir, par souscription, une couronne qui serait déposée sur son cercueil comme témoignage de leur gratitude pour tout le bien qu'il leur avait fait. Je n'ai pas hésité à donner satisfaction à cette demande inspirée par un sentiment des plus louables.

» La longue carrière de M. l'abbé Didelot, comme aumônier, n'a été qu'une suite ininterrompue de bienfaits et de dévouement, et son souvenir, je le déclare hautement, restera impérissable à la prison de Nancy. »

****

Un fait sans précédent : après les obsèques, les pauvres, contrairement à une vieille coutume, ne vinrent pas demander l'aumône à la famille du défunt : tous se regardaient comme en deuil, ils étaient aussi *la famille !*

— Femme, dit un ouvrier, que pourrons-nous faire pour le bon M. Didelot qui nous a tirés de peine ?

— Nous n'avons que ta paye... Mais bah ! on se privera un peu : faisons dire une messe... on ne fera jamais assez pour ce qu'il mérite ! »

Bien des messes furent ainsi demandées.

Si plusieurs grâces marquantes, attribuées à l'intercession du saint prêtre, ne revêtent point la formelle authenticité qui nous permette de les signaler ici, nous y voyons du moins la confiance et la vénération qui portèrent de pauvres affligés à réclamer, au-delà même de la tombe, une protection que la mort n'a pu leur enlever, ils en gardent la ferme certitude.

Un pauvre disait :

— Je m'étonne si l'abbé Didelot ne s'ennuie pas là-haut de ne plus rien donner !... Mais il parle de nous au bon Dieu, et, bien sûr, s'il pouvait, il nous donnerait sa part de Paradis.

Oui, donner et donner toujours, ce fut bien l'abbé Didelot... Intarissable charité qu'il puisa plus haut que la terre : « *Deus caritas est*, Dieu est charité, faisons comme lui, » redisait-il sans cesse. C'est Dieu qu'il a servi, honoré, aimé dans le pauvre, et, — n'en doutons point, l'Evangile l'affirme, — au soir de la journée, bon et fidèle serviteur, il a reçu du Maître la suprême récompense.

Nous avons retracé en sa simplicité cette vie de prêtre et d'apôtre : un tel souvenir, un tel exemple, ne pouvaient demeurer dans l'ombre ni se perdre dans l'oubli.

Si ces pages n'ont point tout dit, puissent-elles du moins gagner les cœurs à la douce et active charité du vénéré prêtre, susciter après lui d'autres dévouements, et, prolongeant le bien qu'il a fait ici-bas, être l'écho de cette parole que lui-même nous a laissée :

« Faisons connaître à tous combien Dieu est bon. »

TABLE DES MATIÈRES.

TABLE DES GRAVURES.